愛到極致是放手

全新版

張德芬 著

目錄

06 誰是你心靈上的鄰居？

做別人生命中的加號

07 穿越生命底層的暗流

發掘黑暗中的力量

導讀　寫給因愛受苦的你

就在本書即將出版之際，我發了下面這則微博：

「老爸從臺灣來北京看我。我出門遲了，他拿到行李出來了我還在路上。著急、自責、羞愧、心疼，我回觀自己內在，一一指認這些讓我不舒服的情緒，並發現身上多處肌肉開始緊繃，帶著覺知我把呼吸帶到這些部位去放鬆它們。於是，昨晚三號航站樓出現一位奔跑大媽，滿心歡喜毫無愧疚地的衝去迎接她八十歲的老爸！」

有位網友反應：「張老師，妳是不是小時候作文不太好啊?!前後文都不連貫。」

啊，我了解啦，對於我的系列書籍和思想體系不是很清楚的人，乍看我的一些文章和語言，可能真的一時無法進入狀況。加上臺灣的出版社也建議：寫一篇導讀來引導初入門的讀者更加了解本書，可能是有必要的。因為，如果把書裡的訊息都讀懂了、融會貫通了，對讀者們生活中的各種關係都會起到關鍵性的影響，這是我所樂見的。因此，就有了這一篇導讀。

就拿上面這則微博來說，我去接父親卻遲到了，心裡滿是愧疚和自責。八十歲的老爸老遠從臺灣飛到北京看我，我竟然讓他拿著行李站在那裡枯等我。一路上，我的心裡焦慮、身體緊繃，但是，當我覺察到了，就先放鬆自己的身體肌肉，並且和各種五味雜陳的負面情緒安然地共處於當下，於是我放掉了罪疚感，開開心心地去迎接老爸。

也有網友評論說：「有罪疚感不好嗎？這不是讓我們更加孝順父母的動力？」我想說的是，如果我們對父母的孝行，需要建立在自己的愧疚感上，那這是非常不健康的。我們不能坦坦蕩蕩的對父母好嗎？我們作為一個成熟、完整的人，為何做事的出發點需要從「愧疚」開始？

如果當時我是滿懷愧疚去見老爸，我的負面能量會影響他。本來他可能只是有點不安、煩躁，可是一看到我帶著滿滿的負面能量去迎接他，可能會讓他更不舒服，本來不想抱怨我的，會忍不住開始埋怨。同樣地，因為我放掉了那些負面情緒，所以我滿心歡喜地去擁抱他，而且可以誠心誠意地說：「對不起老爸，我來遲了。」他會欣然接受這一切，因為，美好的能量誰不喜歡？何必破壞氣氛呢？

如果我的老爸真的很難纏，還是要嘟囔兩句，那也因為我的狀態很好，不感覺愧疚了，所以我可以有足夠的能量去哄他，接受他的抱怨。如果我本身已經非常懊惱了，他再嘮叨的話，可能會讓我更加不開心，沒有辦法開口勸慰他、向他道歉，那這一場相見歡的父女會，可能就要以兩個人的臭臉收場了。

在這本書中，從頭到尾貫穿了一些基本的精神和原則，在此我想和大家說明分享一下。

首先，就是個人的全責任制：把所有事情的發生，都看成是自己一手導演出來的戲碼，願意承擔起責任，去學習該學的人生功課，而不會自怨自艾地做一個受害者。（關於「受害者牢籠」，大家可以參考《活出全新的自己》）

受害者是如何形成的呢？每當我們遇到不順心的事，因而產生了不舒服的情緒時，我們不願意和那個情緒相處，所以我們就會用一些方法來消化它。最常見的方式就是去指責那個讓我們產生這種情緒的人，於是我們就成為**受害者**——不用承擔任何責任，只需要指責對方，因為都是對方的錯。而這樣的行為，也常常讓我們自己成為**加害者**，理直氣壯地責怪別人，讓別人很不愉快。

有的時候，在受害者和加害者的角色中待久了，我們也會變換花樣，成為**拯救者**。比方說，我們看不得父母吵架，因為小時候，父母吵架的場景對我們來說是極其可怕的，甚至以為會危害我們的生命安全（因為我們當時如此無助，如此需要他們）。長大了以後，我們忘了自己已經擁有足夠的能力來面對一切，一旦看到同樣的場景，小時候的惡夢又來了，因此就會忍不住出手干預——不是去拯救爸爸就是去拯救媽媽，而無法先去安慰自己內在那個驚恐的、受傷的內在小孩。

內在小孩是確確實實存在於我們每一個人身體之內的一種能量。很多時候我們從旁邊觀察別人的言行舉止，都可以很清楚地看見，對方是有成人的身體、兒童的心態——尤其是在負面情緒浮現的時候。因為，當我們小的時候，我們對外在的環境和自己內在的感受是完全無能為力應付的。大人的行為常常傷害我們，導致巨大的驚嚇、恐慌，這部分的能量就積存在我們的身體系統裡面，遇到相同情況的時候，它就會被觸動。更糟糕的是，一旦內在小孩的能量被觸動了，我們就會退化到傷痛最早開始的年齡，會用小時候的一些幼稚行為、反應方式來應對，全然忘記自己是個有能力、可以講理、可以好好處理事情的成人了。

回到上面那個父母吵架的例子，兩個在吵架的成人基本上就是小孩（因為各自的傷口被觸動了），你做為他們的孩子，旁觀者清，應該用成人的態度去調解，但是因為你無法面對自己內在受傷孩童的恐慌情緒，所以你也退化成兒童，三個兒童鬧成一團，其結果可想而知。

想要走出受害者的牢籠，最簡單的方法就是：願意面對自己內在每一個當下的感受。不要逃避、轉移、否認、合理化。老老實實地待在那裡，注視著它，就像我去機場的路上用的方法一樣，告訴自己：「我感受到了愧疚，這是可以的，我接受它。」這樣一來，它會自然地消散、離去，不會再纏繞著你不放。

如果能夠有這樣的覺知，你就會慢慢從「個人責任承擔表」的底層往上爬。

我在《活出全新的自己》這本書裡曾提到這八個層次：

1. 這個問題是XX造成的，我只是個無辜的受害者。
2. 因為XX才有這個問題產生，雖然對我造成不便，但我必須為它善後。
3. 這個問題的產生我也有責任，可我就是這樣，我也沒辦法。
4. 生命中這種事情很常見，我就是需要忍耐，睜一隻眼、閉一隻眼地混過去。
5. 這個問題讓人真難受，老天啊，幫助我面對它吧。
6. 這個問題不是誰的錯，我內在有力量，能夠用有助於自己成長的方式來面對它。
7. 這是我的潛意識吸引來（或選擇來）的問題，我其實可以為自己選擇更好的東西。
8. 我創造了這個問題，我可以賦予它任何意義。現在，我選擇將它轉化，並且從中獲取我的力量。

從我個人的觀察和經驗顯示，層次愈高的人，他的覺知能力愈強、愈成熟，當然，自然而然就愈快樂、愈幸福。我自己現在的生活中，就是對這個原則奉行不渝。當然，這並不表示，我不會有受害者情結。有的時候，我還是覺得這件事情或是這個人太離譜，很過分，所以我會去應對他們，甚至找人說理去。但是事後，我永遠都會檢討，為什麼我生命中會出現這樣的人事物，它要來教會我什麼樣的功課？更重要的是，我學會了沒有？沒學會的話，下次這個不講理的人、不合理的事，還會一再地發生，直到我學會這個功課為止。

我的建議是：把精力和時間愈少放在處理、應對外面的人事物上愈好，因為這樣你可以節省大量的時間精力來讓自己內在成長。當你內在對於這個人事物有比較成熟、理性的看法之後，再去處理、應對它們，會幫你節省下大量的時間和精力，而且結果通常都會是皆大歡喜的。（如同上面奔跑大媽的例子）

第二個貫穿本書的基本精神就是臣服、放下控制。這個功課是非常非常困難的，我也還在學習的過程中，但是我真的是愈來愈清楚地看見自己的愚蠢：以為我的努力和干涉會改變事物最終的樣貌。這是真的嗎？我邀請你真的安靜下來，進入自己內心去問自己：當我們情不自禁用各種手段、方法去控制我們和我們所愛的人的人生，我們想要的是什麼？最終都得到了嗎？還是因為如此的操控而得不償失——讓你的各種關係更加惡化，而且自己非常不快樂？

我們有沒有考慮過另外一種生活的可能性：順遂自己的內心，做自己喜歡的事情，放手讓宇宙自然之道來行事，放手讓我們愛的人去做他的選擇，即使我們知道他會重重地摔一跤。但是，那一跤可能對他的成長至關緊要，不摔學不會。

如果真的能這樣放開人生的船舵，讓它順流而行，那我們散發的正面能量，不但可以讓我們愛的人開心，更可以吸引到正面的事物來到我們生命當中，幫助你達成你的心願。你試過了嗎？真的試過了嗎？大部分的人都是沒有試過，就充滿懷疑：這樣做可以嗎？可是……但是……他們以為不放手事情就不會變得更糟，他們以為不放手至少我有掌控的假象，然而事實是什麼？

如果宇宙之道不允許，你明天早上下得了床嗎？你下週可以出差嗎？那個人害得到你嗎？你會失去那個東西嗎？你會得到你想要的嗎？

答案都是：不。我們每個人都可以目睹到每日生活中不斷變化的無常（諷刺的是，無常本身卻是不會變的），但是沒有一個人願意放下自己的掌控，讓宇宙之道來接手。結果就是愈掌控我們愈迷失，愈掌控我們的關係愈差，愈掌控我們愈不快樂。到底人生有沒有另外一個可能性？另外一個出路呢？

親愛的朋友，我邀請你，試試看。從我過去五十年多彩多姿的豐富人生中，我真的看到了宇宙之道的順暢和流動，自己的愚癡和頑固。我已經厭倦了。我要放手了。你呢？還要熬多久？

深吸一口氣。

開始看這本書吧。

全新版序　親密關係——最好的修行道場

開始書寫靈性書籍以來，我的書幾乎都像是在預言自己。這本《愛到極致是放手》也是其中之一：我真的是愛到極致放手了——和相戀六年多的靈魂伴侶分開，對我來說真是一大考驗，勝過以往任何的人生功課。現在回頭去看，我和他的關係走到了一個死胡同，在惡性循環裡面愈陷愈深，無法抽離。我最擅長的就是一走了之、徹底切斷，但是我感覺自己就像活生生地被剝了一層皮似的，好長好長時間都無法振作。

在最痛苦的時候，有朋友介紹我看看自己的這本書（哈哈！），多多少少有點安慰作用，不過，也顯示了我們在修行的時候，常常會面臨「知道卻無法做到」的窘境。為什麼會這樣呢？對我來說，親密關係一向是我刷存在感的地方，也是最大功課之所在。每個人其實都帶著一定的傷口和黑洞來到這個世界，而我們也都會尋找不同的方式來填補它們。當我的這個大黑洞因為情人的離開而裸露出來的時候，我才驚覺，多年來我一直用親密關係來逃避面對它。即使知道了很多道理，我也一直把自己的這個傷口隱藏得非常深、非常好，不去碰它。但現在，在這個年紀，面臨空巢期（兩個孩子都去美國讀書了），老天強迫我一個人去看自己這個與生俱來的大黑洞，真是有點殘忍的考驗。

我不能說自己已經完全走出來了，至少我學會了和這個痛在一起，每當它上來的時候，我發現，只要不逃避、不抗拒，那個痛升起了就走。所以可以這麼說，當我們學會和痛相處之後，就不為其所「苦」了，至少我自己的經歷是如此。而在遇到我的上師薩古魯之後，我對自己的問題有了更明確的知曉和理解。薩古魯的理論當然是和其他大師一樣深邃而具有累世的智慧，但是他最棒的就是有實際的方法，用瑜伽、呼吸、靜坐等實際操作的技法，讓我們在身體、頭腦、能量上都能夠獲得轉化，並且和它們拉開距離，不再誤認為我的身體和頭腦就是我們自己。這是一個從「知道」到「做到」的重要的步驟和關鍵，所以我現在每天花一個多小時勤練他的功法，感覺身心更有力量。

想要從「知道」到「做到」，還有一個重要的條件就是：你必須承認自己哪裡出了問題，哪裡需要改進，並且帶著強烈的願心去改變。我看過太多的修行人（當然包括我自己），修行成就和人格、行為是兩回事。當我們不覺得自己的人格或是行為有什麼不對的時候，我們可能在靈性上達到了很高的境界，獲得了很高的啟示，但是行為、言語可能還是不自覺地顯露出傲慢、自私、匱乏、恐懼、嫉妒等負面特質。直到你自己去看見、體會，知道這種狀態不是該有的，是需要我們去修、去應付的，否則我們也許可以打坐幾個小時不動，或是體悟到了萬物合一的境界，同時可以舌燦蓮花地說些大道理，但是在別人眼中，可能還是小我很大，對金錢恐懼，喜歡控制，誇張浮躁，吝於付出，自私自利，甚至不能算得上是一個「好人」。

所以，想要擁有一個美好的地球體驗，我們需要成長，而不是一再向外抓取。但是，成長不只是靈性的一個軌道，成長包括對自身各個層面的認識、承認、接納、修正、融合，尤其是和其他人交往、相處時，我們「給出去」的究竟是什麼，對方收到的又是什麼，你有覺察和知曉嗎？

修行、成長真的就是一條自我認識的道路。這個自我認識不是單行道，而是多面地、三百六十度地認識自己。因此，這本《愛到極致是放手》，就可以讓你去映照一下自己和父母、子女、情人以及和自己的關係，自行對號入座，看到自己多個角度的不同層面，對其他人的感受能夠有個不同維度的體察和認識。除此之外，如果你這幾個層面（和各個重要關係人）的關係出了問題，那麼我很確信，你可以在這本書裡面找到一個可以讓你映照、反思自己行為或思考模式的地方。

三年多了，很多朋友寫信給我說，他們非常喜歡這本書，幫助他們很多。如果《遇見未知的自己》是啟蒙書的話，這本《愛到極致是放手》就是深化、務實、入世的實際操作手冊。最近一個在臺灣靈修圈挺有名的大姐拉著我的手說，她經歷情傷，這本書是陪伴她走過來的床頭伴侶。而很多成年的孩子們，還是糾葛在與父母的恩恩怨怨以及控制之中，我也建議他們看這本書。至於一直不肯放手讓孩子自由成長的父母，我也建議他們看這本書，誠實地去面對自己的問題，而不是把問題都放在孩子、父母和情人的身上。

我承擔我生命中所有問題的責任。我改變了，這些外在環境就會隨之改變。

這是我走過的路，我邀請你一起同行。帶著愛！

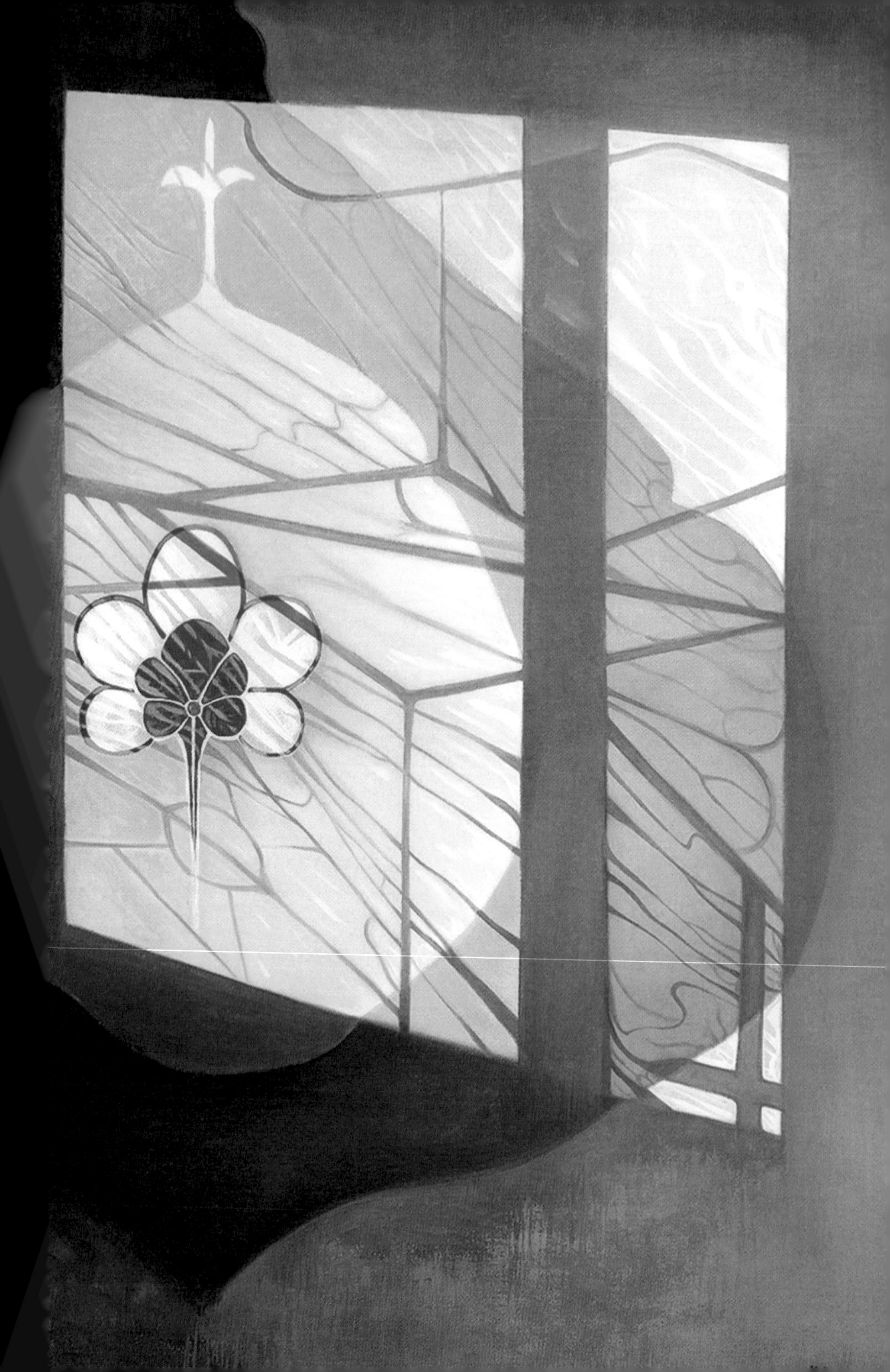

01

世界上的另一個自己

你想成為誰？

你是否是生命的最佳導演？

我翻譯的《一個新世界：喚醒內在的力量》[1]一書中，作者艾克哈特．托勒（Eckhart Tolle）提到了鴨子如果在一場激烈而短暫的肢體衝突之後，會分別往不同的方向游開，然後用力振動牠們的翅膀幾次，好釋放剛才打架時所累積的多餘能量。接著牠們會繼續安詳地在水面上游動，好像剛才什麼事都沒有發生過一樣。

我常常舉這個例子來說明，我們人類的頭腦如果能像鴨子一樣的話，很多人世間的糾紛、痛苦就可以消弭於無形了。就拿這個鴨子的故事來說，如果鴨子有人類的頭腦的話，牠會不停地思考，並且編造故事，使得剛才的衝突繼續上演——在自己的腦海裡。

牠在腦海中編造的故事可能是這樣的：「我真不敢相信牠剛才做的事。牠離我不到三米了！牠以為這個池塘是牠的啊！我永遠都不會再相信牠了。下次牠一定還會試圖再做這種事來惹毛我！但是我可不會就這樣忍氣吞聲下去。我一定要給牠一個讓牠永遠都不會忘記的教訓。」如果鴨子有人類的頭腦，牠可能就會這樣不斷地編造故事，讓自己痛苦，也讓自己的生活問題重重。

然而幾乎所有的人都是這樣生活的。發生在我們生活中的一些事情，從來沒有真正地結束。夜深人靜的時候，它時不時就冒上來，讓我們去想道：白天那個人對我做的事、說的話，當時我要是這樣回他就好了。下次他要再這樣做或說，我就會怎樣應對——永遠在思索過去或算計未來。

當然，如果我們身邊剛好有人在，無論他是配偶、朋友，還是室友、家人等，只要有人願意（或即使不願意）傾聽，我們都會滔滔不絕地把所有故事的細節再重述一遍，一邊說一邊還怒氣沖沖，好像那個惹你生氣的人現在就坐在你對面似的。

我們每個人的頭腦都是最佳導演，不但自導、自編，而且自演，讓我們活在過去或未來，從不能安寧地活在當下這一刻。我們需要看見：過去的已經過去，我們的抱怨、怨恨都無濟於事，只是徒然浪費自己的能量。

未來的事，其實完全不是我們能掌控的。我們可以做好應有的準備，剩下的就交給老天了，不需要在腦海裡一直琢磨、思考。

而負面情緒過多的人，常常也會沾惹令人討厭的事件上門，使得自己的情緒

1.《一個新世界：喚醒內在的力量》（A New Earth: Awakening to Your Life's Purpose），艾克哈特・托勒／著，方智出版。

更加地負面。建議大家常常鍛鍊身體，別讓有毒的情緒在身體裡停留太久。同時多去郊外、大自然踏青，這樣心胸變得比較開闊，就不會執著於一件事情或一個人，而沉浸在負面的故事情節中無法自拔。

如何獲得內心強大的力量？

曾經讀到一首不錯的詩，很受啟發，寫在這裡和大家一起分享：

於是，當你遭遇挫折時，我不會立刻要你振奮，
我會，陪你一起，去感受你的挫折，
因為，挫折，是生命的一部分，
很重要的一部分。
於是，當你含著悲傷的淚水，
撫著胸口說「痛」時，
我會，默默地、凝視著，你的痛，
去感受你的痛。
如果可以，我會，輕輕拍著你的背，
撫慰那個痛……
於是，當你發現自己過去的閃亮時刻（獨特經驗），笑開了臉時，

我會，跟著你笑，興奮地問：

「你是怎麼辦到的？」

於是，當你找到自己的力量、感到躍躍欲試時……

我會，跟著你振奮開懷，與你一起，

享受內在力量的滲透與飽滿[2]。

我們很多人都為外境所苦，每天的生活中總是有那麼多不如意的人、事、物出現。而我們所在乎的人，卻又往往不按照我們想要的戲碼演出，讓我們備感失望。我的新浪博客、網站和信箱總是會出現很多內心脆弱的人，絮絮叨叨地訴說自己的痛苦故事，然後來求助：「我該怎麼辦？」

很遺憾的是，生活的重擔或煩惱只有我們自己能扛得起來，別人無法為你分憂解難。就像食物進了你的嘴裡，你需要自己咀嚼和吞嚥，沒有人可以代替你做。可是很多人的內在肌肉不夠，空間不夠，真的沒有能力去承擔這些令人煩惱憂心的重擔。

怎樣才能有足夠的內在力量，從容面對生活中出現的困境呢？我的經驗是，把生活中每件不如意的事都看成是來幫助我成長的功課。我硬著頭皮去接納自己不喜歡的事（飛機誤點、家裡的東西壞了、小孩生病），當我從勉強接受到誠心接受，再到淡然處之的時候，我發現自己內心的力量就增強了，空間變大了，因為我的呼吸順暢，內在感覺到了更多的自由。

每發生一件事，我就問自己：「這是來教導我學會什麼功課的？它將如何讓我的生命變得更完整、更有力量，讓我更坦然無懼地生活？」

舉個例子，有一次，我正在出差的情人打電話跟我說，他昨晚在招待客戶時，盛情難卻之下喝了幾杯酒就醉了。當時在電話的這一端，我氣得說不出話來，因為他身體不好，血糖超高，脂肪肝嚴重。醫生交代他一口酒都不能喝，尤其是醉酒，喝醉一次就等於爆發一次肝炎。我當時就告訴他：「我現在不想說話了。」接著就掛了電話。

然後我就開始了內心的交戰，感到非常憤怒。我仔細地看進自己的內心，找到這份憤怒之後的恐懼，這恐懼是來自我的不安全感，我很怕他身體不好，早早就離開我，或是造成我們生活品質的負擔。但是轉念一想，我是上帝嗎？我能知道這一切最終是如何呈現的嗎？也許先走的是我，我怎麼能夠判定我們之間的緣分究竟

2. 這首詩叫〈於是，當你〉（when），摘自華德福教師的祈禱文。華德福是德國人，創立華德福森林學校，以人本精神著稱於世。

有多久、有多長呢？

這一切都不在我的手中，我卻狂妄地想要掌控它。我們在一起的時間也許很長，也許不長，但是我的憤怒和怪罪，只會為我們的關係帶來緊張。我為什麼要為他的健康負責？他是個成年人，他要為自己的行為負責，而我要負責的是我自己內在的需求和期望。我需要他永遠健健康康地陪伴我，這是真的嗎？當我需要一件我自己其實一點都無法掌控的事情時，我的內在就是軟弱的、無力的。我不願意去承擔這份恐懼，所以投射到他身上去責怪他，要他改變他的行為，好讓我心安。啊，多麼自私、愚蠢又傲慢的行為！

當我看到這些時，我臣服了、放下了。把它交給老天，交給那個最高的力量。我和這個力量連結，祈求它給我內在的平靜和安寧，讓我感受到自己是安全的。逐漸地，我真的感受到無論未來發生什麼事，我都會好好的。我感恩老天給我這份信任和交託，而此刻當下，我只需要好好享受眼前所擁有的一切。

以上的經歷，其實是我以前很多經驗和教訓累積下來的成果。曾幾何時，我也是對老天的安排和生命中發生的事有很多的抗拒和不滿，想盡辦法用自己的力量去改變、改善我不喜歡的處境。到最後，我累了，實在無能為力了，只有臣服。臣服之後，我發現原來生活可以這樣海闊天空。原本以為自己會承受不了的事情，其實一點都沒有我想像中的那麼嚴重、恐怖，因此我逐漸發展出了對宇宙力量的信任和信心。

很多人藉由虔誠的信仰發展出了信任和交託的心，他們是幸運又有智慧的。而也有人是像我一樣資質駑鈍又頑固的，所以必須像鑄鐵一樣，經過千錘百煉，才知道自己的抗拒是徒勞無功的，這才會願意接受鑄鐵匠（老天、宇宙）的安排，把我們鑄造成它想要的器皿和模樣。

如何培養「空」的能力？

很多人都知道「空」真的很重要，但又不知道空到底有什麼用。於是，他們會問：「空能幫你解決事情，度過難關嗎？」其實，我們很多人都誤解了空。如果空可以幫你解決任何事情，度過難關，那它就不是空了。空是怎麼來的？先說空是怎麼破的吧。空是因為二元對立，破壞了「一」而消失的。我們的本質是空，世界的真相是空，因為空一成不變，要有對立才好玩，所以形成了二元對立。

空的破壞到底是為了什麼？眾說紛紜，有人說是因為眾神想要玩遊戲，也有人說是宇宙大爆炸。無論如何，我們是生活在一個二元對立的世界，但每個人在這個世界當中，卻都只要二元中的一元：好的、對我有利的、善的、對的……這個對「兩邊中的一邊」的執著，造成了我們每一個人的痛苦。

所以，想要回到空，想要體會空，就必須還原它被破壞之前的原貌。路徑很簡單：不要只選擇二元中的任何一元，更不要執著於任何一元，只是接受、包容。也就是說，對我們生活中發生的所有因緣、外相都一視同仁地看待。誰能做得到？做到的人就是明白人、開悟者、覺醒者了。

所以你問空是否能幫我們「解決事情、度過難關」，這是個誤解。我們真的不能拿空來用，而是要回到空。回到空的方法就是不執著，接受事物和人物本來的樣貌，不加以批判或拒絕。很難做到吧？我也無法完全做到，但正朝這個方向邁進。

我用的方法就是我喜愛的美國作家杰德．麥肯納（Jed Mckenna）[3]說的：「把世界當舞臺，把自己當舞臺上的人物角色，但是知曉真正的自己不是角色，而是那個永垂不朽的演員。」我每天會抽空靜心，觀察自己在那幾十分鐘裡究竟在想什麼、做什麼。生活中也時不時就提醒自己：不要太入戲了，這個「張德芬」只是舞臺上的一個角色，再過二、三十年就要消失了。妳不是她，妳只是此刻在扮演她的演員。

有一次，我在臺灣碰到一個女老師，她不稱自己開悟或是覺醒，而只是用靜心和畫曼陀羅的方式引導學生，費用隨喜（隨便給）。我和她談了一個多小時，覺得她的狀態真的非常好，非常放鬆，我看不出她有任何的執著，但也不斷滅（棄絕任何東西）。她告訴我，修煉的方法無他，就是不斷地回到自己，和自己的身體連結，感受到全身細胞的呼吸。只要自己的頭腦是無思無慮的狀態，就自然是空的了，就能和宇宙能量隨時連結，不需要造作。所以，她鼓勵我不斷地去回觀自己，

3. 杰德．麥肯納，美國靈性作家，著有「靈性開悟三部曲」，其中，《靈性開悟不是你想的那樣》（Spiritual Enlightenment: The Damnedest Thing）和《靈性的自我開戰》（Spiritual Warfare）由方智出版社出版。

看見之後，放鬆，無論當下的自己處於什麼樣的狀態，都放鬆，感受全身。

我個人覺得，回觀自己是靈修的唯一道路。無論是什麼法門，只要能夠讓你有意願和能力去回觀自己，就是好的方法，其他的都只是這個地球遊樂場中好玩的遊樂設施，玩玩就罷了。

想幸福，要能斷、捨、離

想要幸福，我們需要先放下對幸福的執念。具體有三步：斷，停止負面的思考模式；捨，順從自己的心，割捨既有；離，鬆開「多就是好」的念頭。

談到幸福，我和一般人的觀點有些不同。很多人覺得我們需要不斷地「累積」一些東西，等到了一定程度之後，也許就可以從此快樂幸福了。

走過人生半百的歲月，我真的認為不是如此。

首先，我覺得幸福取決於我們和自己思想相處的能力。很多人在日常忙碌的生活中，無法聽到自己腦袋裡有一個聲音在說話。那個聲音無所不在，每時每刻都在你耳邊嘮叨叮嚀，它影響你看待事情的能力、左右你響應事物的方式，甚至會主宰你的生活。

我們在生活中有沒有試著「觀照」過這個喋喋不休的聲音呢？這個說話的聲音顯然不是你，只不過是你的一些念頭。但是這些念頭可厲害了，它讓你不由自主地去做一些事情，自己都無法控制。

那些殺人、跳樓、做事衝動的人，都是沒有提防到自己腦袋裡的聲音，一時不察，就按著它的話去做了，事後才發現，自己剛才怎麼了，竟然會做出這樣的事？不但如此，腦袋裡的聲音還不斷地讓你去跟別人比較，告訴你：你有多差勁、別人有多好、沒有人瞧得起你、沒有人真正欣賞你，讓你的情緒低落到谷底。

這些聲音都是在我們小的時候，不知不覺中被父母和周圍的環境「編」進我們大腦中的，就像電腦被程式化了一樣。有些人比較幸運，他們的電腦程式比較健康，可能比較沒有自虐傾向，這樣的人幸福指數會比較高。然而，對那些比較不幸的人來說，他們天生就有悲觀主義傾向，思考問題也比較負面。所以，想要提高幸福指數，你一定要和腦袋中的聲音建立一種比較健康的關係。

尤其是每當你注意到自己在負面思考的時候，要能夠「斷」。培養斷的能力在於「觀」，如果你可以觀察到自己的負面思考，你就已經成功一半了。如果能不理會自己的負面思考，還是樂觀、正面地去處理事情，這樣的人就能成功地斷去讓他不幸福的思考模式。

我個人靈修多年，覺得要戒斷那些不幸福的念頭的最好方法就是觀察，不斷地觀察。觀察到自己在思想所編織的牢籠之中，知道自己是念頭的囚犯，這就是很大的進步了。接下來，我們就可以進一步砍斷囚禁我們的枷鎖，感受到自由解脫的滋味。

接下來，我們談到「捨」。很多人沒有勇氣去割捨眼前既有的幸福，進而投資出更多的幸福。

關於這一點，我可以分享我個人的經驗。我大學畢業以後就進入臺灣電視公司擔任新聞記者和主播，也就是臺灣現在說的「老三臺」主播。當時這是一份非常難得的工作，可是我後來申請到美國大學去讀碩士，就毅然決然地辭去工作，出國進修了。對於主播臺，我一點都不留戀。很多人佩服我的決心和毅力，然而對我而言，我只是順從自己的心（follow my heart），我沒有考慮到那份工作得來不易，辭去了非常可惜。

現在回頭看，第一，我很高興自己沒有一直待在臺灣播報新聞，否則我就沒有後來那麼多的生活經歷和見聞了。第二，後來媒體開放，電視臺多得不得了，我可以隨時回電視臺工作，一點問題都沒有。所以，當初的顧慮完全不存在。

後來，我在新加坡加入了一家國際大公司，擔任他們一個重要軟體的亞太地區的行銷工作。我進去的時候是合約制的員工（on contract），因為我一點相關工作經驗都沒有，從主管的特別助理幹起，一年後就轉為正式員工，升為部門經理，可以說這非常不容易。可是我非常不適應那份工作，也猶豫了很久，終於辭職了，後來舉家搬回北京。我其實可以輕易地回到那家大公司的北京分公司工作，但是我沒有回到職場。

我為我的人生留了白。那幾年間，我是個單純的家庭主婦，每天就是忙著看靈修書籍、上靈修課程、研究「到底什麼可以讓人幸福」。就這樣，沉潛了四、五年之後，我寫了第一本靈性小說《遇見未知的自己》，光在中國大陸就賣了一百多萬本，到現在還在熱銷中。

我要說的是，有時候，如果你不願放棄眼前的一些既得利益，不願意順從自己的心的話，可能會失去更多更美的風景。在人生的道路中，我總是勇敢地追隨自己的心，也活得愈來愈快樂。

最後我們談到「離」，也就是出離心，驅離要求更多的幸福欲求。在自己的人生旅程中，我對這一點的體會特別深。當年，我就是想不透自己為什麼擁有那麼多卻不快樂，所以不斷地在外面的世界努力收集。最後，我知道外在的世界再也滿足不了我內在的空虛和欲求，所以我走上了靈修的道路。

然而，在靈修的過程中，我還是一如既往地用「多就是好」的態度拜訪上師、閱讀書籍、收集法門。學到最後，自己都累了。我發現沒有一個上師可以真正幫到我，沒有一本書可以拯救我，沒有一種法門可以帶給我想要的那種自在和快樂。於是，我放下了。不再追尋、不再盼望，而是願意在當下和自己諸多的不完美，內在的各種陰影、負面情緒及念頭好好相處。

放下一切的期盼之後，我開始享受生活的簡單和單純，和大自然相處、和寵物相處。有時候，我會不知不覺地開始「傻樂」，沒有任何緣由地感到「當下無事」的那種自在和幸福。

我知道很多人的欲望很難突破，我也不贊成用壓抑的方式去對待欲望。欲望是需要被穿越的，而穿越的方法有時候就是去追逐、滿足它。到了一定時候，你會像我一樣精疲力竭、跌坐回自己的位子上時才發現，原來我想要的一切，都已經在我出發的地方等著我了。

欣賞生活中的美

我一直覺得，能夠在生活中欣賞各式各樣的美，是做人的樂趣之一。能夠在樸實無華、庸庸碌碌的每日生活中看到一些美麗的事物，說明你有一顆美麗的心靈。現在有多少人能夠每天收到美的信息，感受到美的感動呢？其實美麗無所不在。在今天特別清澈的天空裡，在相視而笑的戀人眼裡，在一個微笑的孩子臉上，在路旁一朵迎風招展的小花上，在一個精心裝扮的櫥窗裡，在隨風飄落的黃葉裡。到處都是。你，看到了嗎？

可惜現代人煩惱太多，每天汲汲營營地過日子，被欲望所奴役，被負面能量所操控，眼光大多放在「如何解決問題」，而不是「如何美好地生活」上面。即使在外在環境最糟糕的情況下，你都有權利去看到並且欣賞美麗。不要剝奪了自己與生俱來的這種權利。

我情人在當兵的時候，有一次曾在十一月水溫不到十度的狀況下，在海裡游泳十幾個小時。但是，他告訴我，此生最美的星空就是在那個時候看到的。那天晚上，天空特別晴朗，無數的星星點綴在漆黑的夜晚，就像數千顆鑽石撒在藍絲絨布幕上一樣，美呆了。他說他那時才知道，梵谷的畫作《星空》並沒有誇大，真的有那麼大的星星，而且距離他好近，似乎觸手可及。

在那麼困難的生死一線間，有多少人能有興致觀賞那一夜的星空？我情人一生坎坷，可是在任何情況下，他總是能找到讓他內心感動的美感，維持一顆善良的心；同時，還保有一份童真的幽默感。

有一天，他介紹我看《中國達人秀》胡啟志的水晶球表演。我看了以後非常感動。我在胡啟志和水晶球的互動中，看到了他全然投入的那份美感。他不是為了表演而表演，而是真的和水晶球已經化為一體，展現了專注、優雅、靈動的那份美麗。有一個日本人的水晶球也玩得很好，甚至比胡啟志還熟練、技巧更高。但是這個日本人的表演，像玩雜耍、特技、魔術一樣，很神奇，卻沒有美感。

看到胡啟志這個人，濃眉大眼，更是美。在美國出生長大的他，有一顆尋根的心，他對自己能夠在人民大會堂表演感到非常開心，尤其是當他表演完，全場觀眾對他歡呼致敬時，三十一歲的大男孩，眼裡含著淚，讓我看了好感動。他的笑容是那麼的純真、美麗，眼神清亮、純淨，全身的肌肉勻稱、線條柔美。而他的幾項絕活——水晶球、大鐵環（也是美到不行的表演）、火鞭，真的都是曠日費時才能練出來的功夫，沒有他這麼美和定靜的心，是絕對做不到的。他生活條件比較優越

（因為在美國長大），居然有這種毅力，真了不起。有人問他：「你下一個要表演的會是什麼？」他說：「不知道。」再問：「什麼時候能看到？」他說：「三年吧。」哇！用三年的工夫來練一種技術，他真是好奇特的人。

他最早是從臺灣街頭藝人起家的，因為他喜歡跟人面對面地接觸，他覺得街頭充滿能量，是他充電的地方。在臺北信義商圈一帶的表演，為他奠定了自信的基礎。但可想而知，他的父母對他非常不贊同，他們原本期望這個孩子能夠學理工科，成為名校畢業生。當被問到這點時，他也神色黯然、眼中含淚地說：「有五、六年的時間，都不太跟家裡人聯絡。」看到這裡，我心裡非常難受。又是典型的中國父母吧？希望孩子上哈佛名校（我都把你帶到美國來了，這麼好的環境，你不好好學習，去搞什麼雜耍）。這麼有天分的孩子，如果是我兒子的話，我一定全力支持他，而且會引以為榮。就算他只是個街頭藝人，沒有紅到可以去人民大會堂表演，我也一樣支持。

因為，我最喜歡看到一個人全力、全心地投入一件事情時的那種專注感，無論他做的是什麼，都有一種美感在內。記得我三十多歲的時候，當時很著急，想趕快嫁人生子。那時經過我永和家門口的路邊攤，有一個賣麵的老闆在切小菜，他切海帶、豆干時的那份專注與細膩，美到讓我都想嫁給他了，可惜他老婆在旁邊虎視眈眈，只好作罷。

生活中缺乏美感就像沙漠中沒有水一樣痛苦，而幽默和輕鬆，更是生活中不可或缺的潤滑劑。親愛的朋友，我們加油吧，讓生命中充滿美感和歡笑，不枉此生。

怎樣演好人生這場戲？

都說人生如戲，但是有幾個人能夠真切地把自己的生活當成一場夢、一齣戲？能夠做到的人是瀟灑、自在的；只要不入戲，就可以來去自如。

為什麼我們做不到呢？

因為，在生活中，我們沒有給自己「下戲」的空間。

我們是演員，永垂不朽的演員，而此時我們在地球上的身分，只是我們戲中的角色而已。你在日常生活中，愈常體會到這個真理，你就會愈快樂、愈自由。

可是我們常常不滿意自己戲中的其他演員、事件等，想要竄改劇情。或是太入戲、太投入，完全失去了理智，忘了那些只是你的臺詞和表演的劇情而已，你真正的身分不是這個角色。

如果想要避免這種情形發生，在生活中多給自己一點「下戲」的機會：每天的靜坐或是沉思冥想，每週末的放鬆、發呆，一段時間之後的度假、轉換時空，都是讓自己「下戲」的好機會。

如果想更有效地讓自己成為演員而不是劇中的角色、人物，你可以每天設定時間提醒自己，不要太入戲，這只是你的角色，不是你的真實身分。把角色演好很重要，但是要來去自如。否則你的生活就是狹隘的、受限的，而不是寬廣的、自由的。

如果只有十年可活

二〇一二年，惠妮．休斯頓（Whitney Houston）病逝，而我們的「帽子歌后」鳳飛飛也過世了，享年六十歲。惠妮．休斯頓和我距離比較遙遠，但我從小是聽鳳飛飛的歌長大的，看到她這麼早去世，心裡的確感觸很多。

記得以前我很喜歡算命，算得最準的就是鐵板神數了，它可以推算出你是哪一分鐘出生的，然後告訴你許多非常精確的信息。但是，對於未來，它始終比較模糊，有時甚至隱瞞大事不說（當時帶我去算的朋友也是學八字命學的，鐵板神數就沒有算到他幾年後會離婚）。

鐵板神數算人的個性格局最準，它都是用詩詞表達，意境有時候還挺美。記得他對我的總論是：「蘇小之智，道韞之才，似出桃源有仙谷，技綸高交名女子。」有蘇東坡妹妹蘇小妹的智慧，東晉宰相謝安侄女謝道韞[4]的才華。

他還說我：「物質充恆已足夠，精神恆帶三分苦。一生為情苦，幾度亂心

4. 關於謝道韞的才華，有這樣一個典故。一次，謝安召集兒女子侄講論文義，大雪驟降。謝安問道：「白雪紛紛何所似？」謝安侄謝朗答：「撒鹽空中差可擬。」而謝道韞說：「未若柳絮因風起。」謝安大悅。這一詠雪名句後為人所傳誦。

亂。」這就是為什麼我需要修行吧。既然注定精神恆帶三分苦，而且為情所苦，我就得學會如何和這份「苦」共處，而不是用外在的人、事、物，來遮蓋、逃避、否定、轉移。承認、面對、接受，這是唯一的出路。

最後批到流年的時候，我記得他只批到我六十歲，就說：「夕陽西下，行人正徘徊。」這意味著我在六十歲的時候可能有一個「出口」，就是離開這個人世。當時覺得六十歲有點早，現在看來是迫在眉睫的，因為我已經年過五十了。嗯……如果只有十年可活，我該怎麼過呢？

我想，如果只有十年可活，我會好好享受這個世界一切的美，並且把自己放在第一優先的位置。我不會為了更多的名利而降低自己的生活品質（說實在的，更多的名利根本不在我的生活清單當中）。我也不會為了討好別人，獲得別人的喜愛而勉強自己做不喜歡的事。這個「別人」包括了我最親近、最親愛的人。我相信，我們自己的幸福快樂是我們可以給自己愛的人的最好禮物。

我要好好地到處旅行，享受這個地球的各種人文、藝術、風景、文化等。為了讓這可能是最後的十年活出最好的生活品質，我需要維護身體的健康，多鍛鍊，讓手腳靈活，注意飲食、保健，好讓身體保持輕盈。隨時提醒自己，這可能是妳人生的最後十年了，少計較，多開心。

這就是我想做的。人生不在長短，而在於是否燦爛。親愛的，你呢？如果只有十年可活，你會對你的生活、你的生命做出什麼不一樣的改變和決定呢？

02

給身心一次療癒的機會

原生家庭帶給你的愛與痛

父母講的不一定錯，但未必是我們需要的

去各地演講的時候，我常常會聽到來自很多青年學生的困惑：「我不知道自己想要做什麼、對什麼感興趣。」還有朋友反映說，當他要做一個決定時，會猶豫不決：「哎喲，這是關乎我接下來人生發展的重大決定，我得慎重，所以會非常猶豫，不知道要選哪一個。」為什麼會這樣？很多時候，這是因為從小父母就告訴你，你該做什麼，他們幫你做了所有決定：你穿黑色不好看，要穿白色的；你念中文系不好，應該念工商管理；你晚睡不好，要早睡……

在教育孩子方面，我就很注意讓孩子學習自己做決定。有一次，女兒生病了，我帶她去看醫生，打針，照X光。等到複診時，醫生說她好多了，但還是要照X光，X光又比較貴。女兒打電話問我該如何決定。我告訴她：「妳已經感覺好多了，不想照也可以。如果妳覺得需要照，就可以照，我支持妳的決定。」在平時，我就有意識地訓練孩子，讓他們為自己的決定負責。如果我幫他們做決定了，那他們就永遠也沒有辦法了解自己要什麼，什麼是對的，什麼是錯的。我在社會上跌跌絆絆，到了四十歲開始靈修後才對自己有一些了解，之前完全像機器人一樣生活，

因為我的父母從小為我寫好了我的人生程式，不讓我動腦筋思考。

說到了解自己，我常常舉這個例子：如果我很熟悉的朋友過生日，我送給他的禮物他一定很喜歡，因為我了解他。但如果對方是陌生人，他收到禮物後可能會暗自嘀咕：「德芬老師不知道我最討厭紅色了，還送我一個紅色的禮物。」當你不了解對方時，你完全猜不透他想要的是什麼。同樣的道理，當你不了解自己、不認識自己時，你永遠也不知道自己想要什麼。那我們怎樣去認識自己呢？我們的眼光總是向外看：看別人，看外在，看這個世界。尤其是我們喜歡用別人的眼光來定義自己，這是最可怕和最糟糕的。父母看我們時說：「你很棒，你很好。」然後我們就會認為自己很棒、很好；父母認為我們很糟糕、很笨，我們就真的以為自己很笨、很糟糕。生活中有很多人都允許別人來這樣定義自己，因為我們的眼光總是在看著別人，然後通過別人的眼光來定義自己。什麼時候我們把眼光收回來，放在自己身上，我們就開始成長、開始認識自己了。

我們一生都在研究別人，尤其是在戀愛的時候。比如說，一個女孩子看上了一位男士，就會暗自琢磨：「唉，他喜歡什麼呀？」在平時，她就會注意他喜歡穿什麼顏色的衣服，觀察他用的東西以及他的生活習慣。當我們想要了解這個人，就會帶著很濃的興趣去研究他。那我們什麼時候這樣觀察過自己——看自己喜歡什麼、要什麼、什麼東西能讓自己真正快樂？你要看清楚自己的內心所嚮往的，接觸到自己的心，而不是頭腦裡的想法，因為你的頭腦已經被父母和這個社會「破壞」了，已經輸入了太多不必要的東西、太多不屬你的程式。所以你去問大腦是沒用的，你必須問自己的心，跟你的心有所連結。

那怎樣才能做到跟心有所連結呢？最有效的辦法就是安靜下來，一定要安靜下來。每天抽出十五至三十分鐘，一個人待著，什麼都不做，只是坐下來靜靜地看著自己，看看自己在想什麼。比如說回觀：自己今天早上做的事情對不對？在對那個人說話時，自己為什麼會用那種語氣？那種語氣是比較不耐煩還是太激進？會不會讓人感覺不舒服？就這樣不斷地回觀，慢慢地，你就能了解自己。等到你足夠了解自己的時候，你就能夠一個一個地去剖析父母強加給你的那些「應該」「不應該」，你就可以問自己：「我應該這麼做嗎？這是真的嗎？這是我真正想要的嗎？」

當然，這並不意味著，父母跟我們講的每句話都是錯的，但很多時候他們說的卻未必是我們需要或是想要的，所以我們需要不斷地檢視自己腦袋裡的這些「應該」和「不應該」，還要不斷地觀察自己、理解自己。慢慢地，你就會知道，你是誰，你想要什麼，你來到這個世界是為了什麼，你真心嚮往的又是什麼。當你的內心清明到了這個程度，當你真正做到非常了解自己，跟宇宙的關係非常和諧，能量也是跟宇宙同頻共振的時候，那才是真正的心想事成，你想要什麼就會獲得什麼，但問題是，當你還沒有達到那個程度之前，你去跟老天要什麼，結果要來的可能不是自己想要的，或者是，即使要來了，你也要付出代價。[5]

5. 關於「心想事成的陷阱」，請參考《遇見心想事成的自己》，方智出版。

只有自己先成長了，父母才會成長

在生活中，很多父母都很強勢，但有的子女也喜歡控制自己的父母，會過分在意父母到底過得好不好、快不快樂。他們在做很多事情之前，內在都會有一種感覺去促使他們做控制父母的事情，促使他們把父母的喜、怒、哀、樂扛在自己身上。

根據我的經驗和觀察，這種感覺叫作「愧疚」。如果今天父母不快樂了，我會覺得愧疚，所以我要讓他們快樂；如果今天父母過得不好，我會覺得愧疚，所以我一定要讓他們過得好。表面上看，這樣做是無私的，是為了父母而「犧牲」了自己，但真相是：我們其實是無法忍受自己內在的某種情緒，比如愧疚。人都有自私的一面，每個人做事的出發點沒有不是為自己的。比如說，女兒掉進水裡了，我一定會去救她，雖然我不會游泳。為什麼？因為我不能忍受沒有她的日子，我寧可死了，也要去救我的女兒。這就映照出了我自私的一面。

所以我說，每個人做事的出發點都是自私的。關鍵點在於，在跟父母糾結的過程中，你能不能看到自己的自私，看到自己到底哪裡自私。你之所以覺得愧疚，是因為你不能夠承受父母不高興帶給你的感受，所以你要去控制他們的喜、怒、哀、樂。每到這個時候，我想問你，你可不可以跟自己的愧疚感在一起，全身心地接納這種感受？因為你和父母的能量這樣牽纏在一起，對雙方都沒有一點好處。

我想起一個故事：有個外祖母，她在照顧孫子的時候，因為怕孩子冷，便用橡皮筋把孩子的衣袖口連同手腕綁起來了，結果因為綁的時間太長導致孩子的手臂因為缺血壞死而截肢了，這個外祖母因此對孫子愧疚一生。

在我看來，外祖母如果一輩子對這個孩子都心懷歉疚的話，她是害了兩個人——不但害了她自己，還害了孩子。為什麼？如果這個孩子伴著外祖母的這種愧疚感長大，他可以說：「是妳讓我變得沒有手，讓我這輩子跟別人不一樣，讓我這輩子做事都不方便，所以妳活該，妳欠我的。」然後他就有理由在這個世界上做一個失敗者，因為他覺得：「這不是我的錯！妳把我的手弄斷了，妳就得負責！」

但如果外祖母的態度是：「真的對不起，孩子，把你的手弄斷了，但是你還可以像正常人一樣生活，你甚至可以活得更堅強，比正常人還要活得出色。」如果我們給孩子這樣的教育，傳遞給他這樣的人生觀的話，這才是我們給孩子最好的禮物。因為正常人所做的事情不稀奇，用腳彈鋼琴那才叫稀奇。

每個靈魂來到這個世界都是獨立的，每個人也都在遵循自己既定的人生旅程，走自己的人生道路。當你的能量跟任何一個人牽扯不清的時候，你都不會快樂，不管那個人是你的配偶、孩子，還是你的父母。當你不快樂時，他們也不會快樂，所以送給親人最好的禮物，就是讓他們去經歷自己的事情，讓他們為自己的喜、怒、哀、樂負責，而不是由你來負責。這樣的話，慢慢地，你和父母之間的關係就會改善，他們也會因此而變得更有智慧，知道要為自己的喜、怒、哀、樂負責。

以前我父親心情不好的時候，他就會愁眉苦臉地跟我說東道西：「哎呀！年紀大了，兒女都不在身邊，我是孤獨老人。」這時候，我會說：「爸，如果你自己不能找到幸福、快樂，就算我為你搬回臺灣，住到你隔壁，你都不會快樂，而我還犧牲了那麼多，這樣，我也會不快樂。你是成年人了，你要為自己的幸福、快樂、健康負責。」他聽了幾次我的演講之後，開心地告訴我，他現在知道該怎麼做了。

試著去擴展父母的底線吧！當你勇敢地跨出那一步的時候，你會發現，父母畢竟是愛你的，他們只是生活在慣性裡，因為他們習慣這麼做，而你也習慣讓他們這麼做。所以你一旦改變，他們也會有所改變。

自己先成長，自己先積攢足夠的內在空間、內在力量，去承擔和接納你讓別人過他自己生活的那種痛心、愧疚、自責，然後你就長大了，就有了更多的內在力量。

從父母那裡收回你生命的自主權

一次演講中，一位聽眾問道：「父母很喜歡干涉我的愛情和生活，該怎麼辦？」生活中這樣的現象很普遍。那為什麼父母很喜歡干涉你的愛情？這類父母的心理問題在於，他們透過你活出他們自己的生命。父母這樣做當然不對，因為他們雖然把你帶到了這個世界上來，卻沒有尊重你是一個獨立的生命個體。

當然，這樣的父母也不是只干涉你的愛情，從小到大他們對你應該都是管頭管腳、指手畫腳的，什麼事都要聽命於他們。你從小被剝奪了自主權，沒有劃清自己的界限，所以讓父母一再地越權來侵犯你。當你還是孩子時，你無能為力。現在你是成人了，必須學會建立自己內在的力量，收回生命的主控權。否則，你在工作上會不斷碰到壓榨你的老闆、剝削你的同事，朋友也會利用你、不尊重你。

當然，你的配偶一定會和你的父母一樣地不尊重你，想要主宰你的生命和生活方式。我曾寫過一篇文章〈溫柔的堅持和脆弱的要求〉[6]，講的是我們要學會如何溫柔而堅定地和父母或情人說「不」！剛開始的時候，你會感覺到恐懼，因為你面對父母時，小時候那種依賴父母生存的恐懼心理會浮現，覺得忤逆父母就會性命不保，但這只是幻象，你不要被它嚇到。接下來，你會感到愧疚，因為你的父母會不習慣百依百順的你突然有了自己的意見。他們會用威脅、哭鬧，甚至生病等方式來奪回他們的操控權。這個時候你必須堅定但又充滿愛地告訴他們：「媽媽爸爸，我已經長大了，你們必須尊重我的生活方式，不可以這樣干涉我的感情生活。」如果你能學會面對自己的愧疚和恐懼，不去逃避、轉移或否認，就能逐漸收回你生命的自主權，自然就有更多的內在力量。

我們做兒女的總是不想讓父母失望，總是希望自己達到他們的期望，不要讓他們傷心。但孝敬父母是有三個層次的：第一是財奉養，給他們很好的物質生活；第二個層次是身奉養，能夠晨昏定省、噓寒問暖地照顧他們；最高的層次就是以智慧奉養，父母有他們自己要學習的功課，你不可能一味地遷就他們、委屈自己。當你能夠堅定立場，又帶著愛向他們表述你真正是誰，你真的想要什麼的時候，他們雖然會失望，但是他們也可以學到人生寶貴的功課——知道自己有時需要讓步，需要騰出空間讓兒女自己成長、生活，並且祝福兒女能用不同於自己所期待的方式去活出最好的自己。這種智慧奉養是孝順父母的最高境界，但是很多子女的內在不夠

6. 關於「溫柔的堅持和脆弱的要求」，請參考《愛上自己的不完美》，方智出版。

堅強，沒有辦法做到。我真誠地祝福大家有足夠的內在力量，用智慧去奉養父母，同時活出你真正的自己。

你在做父母的拯救者嗎？

讀到一首叫〈不想〉（alternative）的詩，很印心，用來每天提醒自己：

不想，再迷戀於成為一個解決問題的專家……
只想，當一個，生命的陪伴者。
不想，再沉迷於扮演一個拯救生命的英雄……
只想，與你，平起平坐，望著你，聽你說故事。
不想，要再去改變別人的生命……
只想，走入生命的更底層，
深深地聆聽……[7]

生活中，有不少人都沉迷於扮演拯救者的角色。曾經跟一位朋友聊天，她說起母親就流淚，說自己是典型的孝而不順，十分厭惡自己的母親一天到晚抱怨父親。她覺得母親有一切的條件可以快樂（她超級會賺錢，可以讓父母生活無憂），

7. 摘自華德福教師的祈禱文。

但是卻不能好好過生活，而且一天到晚在她面前說父親的不是，非常負面。

作為兒女，我們都希望父母過得好、過得開心，可是我們也真的需要尊重他們自己的決定，並且知道他們雖然身為我們的父母，而且對我們的恩德是我們無以回報的，但我們是不可能讓任何一個「他人」快樂的。因為，每個人都有權利決定他要快樂還是不快樂，我們只能盡最大的努力做好自己的事，不要為了拯救他們而讓自己陷進去了。

更重要的是，因為我們對他們的要求（妳不應該批評爸爸，不應該不快樂），他們做不到，所以這會阻擋我們對他們的愛。我的朋友說她無法開口對媽媽說「我愛妳」，因為她對媽媽的要求，她媽媽做不到。這不是很可惜嗎？我們真愛一個人，就應該放下一切要求，接受她的本然如是（很難做到，我知道）。要不然在媽媽有生之年，我們都沒有辦法穿越自己對她的要求，而看到媽媽真正的本來面貌，並且無條件地愛她。

為什麼會對媽媽有要求？因為我朋友有很強烈的責任感，覺得她要為父母的快樂負責。如果父母不快樂，就是她不夠好，她做得不夠到位。我們看到這個問題的癥結還是在她自己身上，出發點還是自私的。從小她父母就不停地讚美她有多乖、多懂事，但她的父母沒有想到，這對孩子來說也是一種傷害。因為，為了要符合父母的期望，達到他們的理想以贏得或是符合他們的讚美，她的童年其實提早結束了。

乖乖女，以及為全家負責、付出的形象變成了她的身分認同。一旦她不為家人付出，不做好乖女兒的角色，不能讓父母開心的話，她就不知道自己是誰了，也失去了生存的意義。因此，她母親的行為（不能夠滿足、快樂，即使外在生活條件那麼好，孩子也很好，卻還要整天抱怨，找老公的碴）對她來說，是不可以被接受的，因為威脅到了她的身分感和生存價值。

那我們要怎樣做才可以從這種惡性循環中走出來呢？首先當然還是要「看見」！看見自己對母親孝而不順後面的那種心理動力從何而來，每次看到自己又想要為全家人（至少是父母）的快樂負責的時候，要有覺知，知道自己從小那個拯救者的角色又浮現了。

當你把這種無意識的動力帶到表意識上來的時候，你就不會被它盲目地控制。這樣不斷地去觀照，並且以慈悲心對待自己的這種執著，慢慢地，你會發現自己對母親的要求和不滿會逐漸降低。繼續發展下去，你就能夠穿越自己的要求、期望和不滿，看到一個白髮蒼蒼、滿臉皺紋的老婦人的內在原來也有一個悲傷、不滿的內在小孩。每次利用抱怨老公來獲得女兒關注，來滿足自己內在那個永遠無法彌補的兒時創傷和匱乏。

而你的覺知和意識以及對母親的諒解和接受，會讓這個老人找到一個安心之處，同時也撫慰了她的內在小孩。之前她因為你的抗拒而不自覺投放在你身上的很多負面能量也會逐漸地消融，她很可能不會再像以前那樣一直負面地抱怨了。關係中的負面情境需要兩個人共謀才會成形，但是要消除這種負面的惡性循環不需要兩個人。從你自身做起，你就會看到對方的改變。這是能量層面的事，很難用語言說得清楚。

做兒女的，有責任盡孝道，但是沒有責任、也沒有能力扛起父母的悲傷和痛苦。放他們自由吧，這樣至少你自己有了自由，有了快樂，而能毫無阻礙地去愛父母，接受他們的一切。這才是真正的孝順。

試著和父母「離婚」

父母關係對我們來說實在很重要，它能影響到我們的事業、愛情、金錢、健康、親子關係等，無遠弗屆。在靈性成長中，我們一直強調要修復和父母的關係，這樣才能獲得真正的成長與幸福。

天下絕對有不是的父母，但是，我們的生命能量是來自於他們的，如果不承認他們，與他們的關係不融洽，這絕對會影響我們的整個人生。怎樣修復與父母的關係呢？首先，我們可以粗略地把功能不良的父母關係分為兩種：疏離和牽纏。

疏離的關係多半是因為父母本身對子女冷漠，甚至在身體或情緒上、言語上暴力相向，子女長大後就同樣用淡漠、忽視甚至怨恨來報復父母。這種關係其實比較好處理，因為如果子女長大後能夠自我成長，接納內在那個受傷的孩子，因而讓自己心智成熟，願意以一個大人的方式去和父母互動，多半問題就能夠得到解決。

做不到這點的子女，大部分都是因為內在有怨懟，覺得父母沒有盡到做父母該盡的責任。其實，只要有這種心態的子女，都還是內心不成熟的。他們還是用孩童的心態來要求父母、責怪父母。我想說的是，每一對父母每時每刻都在盡他們所能地對我們好，只是當時他們的能力有限、知識有限，所以，能給我們的就是那麼多。

理想的父母是很難找的，但是我們長大以後，如果能夠做一些內在工作讓自己的靈性成長，就可以在心裡扮演自己想要的那種模範父母，給自己最棒的支持和關愛。此時，回頭再看父母，我們會發現自己有更多的愛和寬容給他們，原諒他們給我們的童年造成的創傷。

然而上面這種怨懟父母的心理，有的時候埋藏得極深，非常地細微，連我們自己都可能感覺不出來，或是不想去承認、面對。但是如果你的親密關係一直出狀況，事業怎麼樣都起不來，健康也時時亮紅燈，人際關係不佳，親子關係有問題，或是始終感覺不到真正的快樂和喜悅，這些問題的源頭多半是來自你的原生家庭——也就是和你的父母有關。所以為了你自己，你必須走上內在成長的道路，讓自己壓抑到無意識裡面的傷痛都能夠浮現，並且得到療癒。

而另外一種不良關係——牽纏——是比較棘手的。這類關係通常來自於過度關心保護子女、喜歡操控子女的父母。面對這樣的父母，子女首先也要自我成長，真的願意在心理上脫離父母的控制，成為一個健康、成熟的大人，不再受他們的牽制。這種脫離父母控制、長大成人的過程是更為辛苦的，因為父母會用苦肉計（生病、流淚、傷心），或是斷絕關係、切斷金錢援助等威脅手段，讓我們很痛苦，用他們慣常使用的罪疚、羞愧和恐懼感來讓我們屈服。

但是在我們心理成熟的情況下，可以和父母溝通，用沉穩的方式告訴他們：我們已經長大了，而他們也應該為自己的幸福、快樂負責，不要把生活的重心和焦點全都放在孩子身上。這個過程如我上面所說的，可能會很痛苦。難怪有些靈性老師說，想要成長，首先你必須和父母「離婚」。斬斷與他們不合理、不正常的牽纏後，再回去和他們健康地互動。這個前提是：你要贏得父母的尊重，這份尊重是他們從小就沒有給你的，現在你長大了，要自己去爭取。

我自己在這個過程當中也走得很辛苦，我父母從小就視我為掌上明珠，這句話的另一種詮釋就是視我為他們的個人資產。從考大學選系到交朋友、結婚、就業、出國，更別說每天生活的細節點滴了，他們都是鉅細靡遺地不放過我。他們想在我身上實現、經歷他們所缺失的，更把我當成他們顏面（也就是小我）的裝飾品。而我從小就是一個乖乖女，任由父母控制、管轄，不敢反抗。

四十歲以後，我開始走上心靈成長的道路，逐漸地意識到，我必須要堅強、獨立，不再受父母的管束，不再以他們的喜好來決定我的人生。這個過程非常不容易，但是我非常堅持要和父母「離婚」，也就是，在能量上不再與他們牽纏，不再以他們的喜怒哀樂為依歸，要勇敢地做我自己。

我的做法是：一方面還是對父母非常關心，也付出很多，噓寒問暖、關心有加，但另一方面我卻很堅持要他們不要管我的事，給我自由。一度，父親還拿斷絕關係來要挾我，當時我的回答是：「斷就斷。」因此有好一陣子我都不跟他們聯絡，然後再若無其事地打電話給他們，他們的氣焰就弱了。唉，這說起來像權力鬥爭，卻是我們成長中很重要的一個步驟。

最終，在我多方的努力下，我的父母成了我理想中最棒的父母，支持我、關心我，但是不過度干涉我、要求我，不給我壓力，不給我添麻煩，只是每次看到我都很高興，張開雙臂接受我給他們的愛，並且以更深的愛回報我。

祝福天下子女都能找到真正的自己，和父母建立起健康、和諧的最佳關係！

你是否背負了父母的痛苦？

某次演講中，一名聽眾問了一個和母親有關的問題：「我母親年輕的時候受了很多苦，我非常疼惜她，可是每次回去看她，待不了三天我就得走。她的負面能量太多，一直嘮嘮叨叨地述說陳年舊事，全是負面的，讓我無法招架。」

這樣的事情其實在生活中挺普遍的，我跟她分享了我的經驗：

我母親年輕的時候也辛苦過，所以也是滿腹的牢騷，有很多負面能量。她雖然在信耶穌之後有了很大的改變，但有時候還是會把過去那些欺負她的人和委屈的事拿出來訴苦。我聽她說沒有問題，因為我在能量上不會應和她，但是我看得出來，在重複這些陳年往事的時候，她自己是不開心的。

有一次，我忍不住告訴她：「媽，這些事情就像埋在地裡多年的垃圾，妳重複說了好多次，每一次都要把這些發臭的垃圾拿出來自己咀嚼、嗅聞不說，還要旁邊的人陪妳一起受罪。妳這麼愛乾淨、有潔癖的人，這樣做不覺得難過嗎？」她聽了以後，就好了很多。所以，當你覺察到自己的行為其實是不利人不利己的時候，才有可能去停止它。

同時，我告訴這位聽眾，有時候，我們還是要勇敢地為自己劃清界限，要讓父母知道，他們對自己的行為也是要負一些責任的。我建議她，本來打算回去三天的，如果真的受不了，一天過後，她就可以告訴媽媽：「媽，我很愛妳，很想回來多陪陪妳，可是每次跟妳在一起，妳都要說這些令人不愉快的陳年舊帳，我實在受不了了，我就先回去了。」讓父母知道我們也是有底線的，而他們是否可以適當地收斂一下？不過我知道，很多孩子連這樣的話都說不出口，因為怕父母傷心。我曾經多次提到，我們自己想要成長為成熟的人，一定要和父母「離婚」，或是「斷奶」。在情感上、能量上要和他們脫離牽纏，劃分清楚。

我自己就走過這段艱苦的道路，成功地切斷和父母感情上的粘連。現在，父母覺得我是個一百分的好女兒，完全沒有話說的孝順。但是，他們無法再用他們的期待，或者是讓我有罪疚感、羞愧感等方法來操控我了。如果他們心情不好、不開心，我會儘量讓他們高興，但是如果他們不開心的理由與我無關（甚或與我有關也一樣），只要是我無法改變的，那我就「允許」他們不開心，給他們不高興的自由。因為他們是成年人了，要為自己的情緒負責，我無法再像以前那樣把他們背在我的肩上，自己累死了、不快樂不說，還絲毫幫助不了他們。

說到這裡時，我看到這位聽眾的能量狀況正是一個把母親背負在身上的愁苦的小女孩狀態。她自己身上的負面能量也非常多，說明她因為心疼母親，曾經在無意識的層面對母親做了這樣的承諾：「媽媽，妳那麼多的痛苦，我幫妳負擔一些吧。」但是，這樣做是無濟於事的，不但幫助不了母親，還賠上了自己的幸福。

最後我鼓勵她要讓自己快樂，並且放下要讓母親快樂的這個重責大任。我忘了提醒她的是，她自己身上帶著這麼多的負面能量，會讓她母親看到她就忍不住開始述說自己的痛苦（看到別人可能還不會），因為她們的能量是共振的。如果她能夠真的放下母親的痛苦，自己成為一個比較快樂的人，那麼，她的正能量就會影響母親，讓媽媽日後看到她也不想訴苦了。

我自己是如何走出來的呢？回顧這一段經歷，我只能說，在靈修的道路上，我不斷地藉由接納、面對自己的負面情緒來加強自己的內在力量，不斷提醒自己世上只有「老天的事，別人的事，自己的事」這三件事[8]，而我們只能為自己的事負責，同時不再強迫自己去滿足父母的期望、取悅父母，就這樣一點一滴地慢慢放下了。

我祝願有同樣問題的讀者們，也能找到可以自由飛翔的天空，不要再把父母的不快樂，或是取悅父母的責任背負在自己身上了。

8. 請參考拜倫・凱蒂（Byron Katie）《一念之轉》，奇蹟資訊出版；或是《遇見未知的自己》，方智出版。

你永遠不是為了你認定的理由而生氣

南非總統曼德拉[9]曾被關押二十七年，受盡虐待。他七十三歲當選總統，就職那一天，邀請了三名曾虐待過他的看守到場。當曼德拉起身恭敬地向看守們致敬時，在場的所有人乃至整個世界都安靜了下來。他說：「當我走出囚室、邁過通往自由的監獄大門時，我已經清楚，自己若不能把悲痛與怨恨留在身後，那麼我仍在獄中。」

怨恨等於監獄，我們不要把自己關在其中。但是很多人身處監獄之中，卻還是振振有詞地覺得自己是個可憐的受害者，而對方是錯誤的、惡劣的迫害者。這些人其實是不自覺的，也就是沒有覺知的。他們對想像中的迫害者的憤恨，已經被隱藏到無意識底下了，所以平常生活中是感覺不到的。但是一旦有什麼人、事、物觸動了他們，他們就會抓狂，恨得要打人、殺人。那個時候，這些人就是在地獄之中。

9. 享譽全球的諾貝爾和平獎得主。為了推翻南非白人種族主義統治，他進行了長達五十年艱苦卓絕的鬥爭，曾在監獄服刑二十七年。最終，從階下囚一躍成為南非首任黑人總統，為新南非開創了一個民主統一的局面。

奇蹟課程說：你永遠不是為了你認定的理由而生氣的。表面上，妳氣老公不關心妳、不夠愛妳，其實妳氣的是小時候父母沒有盡到養護的責任，那個時候妳把怨氣壓抑了，但是內心有無比的恐懼，因為父母不好好照顧妳，意味著妳的生命安全會受到威脅，這可不是一件小事。而可憐的配偶和孩子永遠是我們的投射板，我們常常把以前對父母累積的怨氣發洩在配偶和孩子身上而不自知。

有一位很另類的靈性老師就說：「我們每個人如果要成長，在人生旅途的某個時刻，我們一定要在自己心理層面上『殺』了自己的父母。」這種說法當然譁眾取寵，不過他的意思是：放下對父母的怨恨和期待，還有罪疚感。是的，不單是怨恨會把你關在監牢中，罪疚也會讓你的手腳都銬上鎖鏈，動彈不得。

我們每個人都會期待父母對我們好，即使嘴上不說，心裡都會有這樣的期待。沒有父母是完美的，但是我們要相信每位父母在每個當下都盡力做到最好了。如果你是他們，在那種艱難的生活環境裡，沒有受過任何的親子教育（當時人類的意識也不像現在這麼發達，能知道一些比較正確的教養孩子的方式），自己的個性又有一堆問題，夫妻之間也有很多衝突，在這些情況下，他們真的是盡力做到最好了。換位思考一下，我們自己可能都做不到他們那麼好。

另外，我們要切斷的，是對父母的罪疚感和責任感。每個孩子都愛自己的父母，而很多父母也會利用孩子的這種天生的弱勢「剝削」他們，從小就用很多手段控制自己的孩子。於是我們看到很多永遠長不大的女孩（愛操控的爸爸的小心肝），和永遠幼稚懦弱的兒子（強勢母親的變相情人）。而做兒女的常常會不自覺地隨父母的操弄起舞，既失去了自己、失去了尊嚴，也失去了快樂和自由。

所以，我們一定要剪斷與父母之間的臍帶，願意成長為大人，這樣才會活出最好的自己。否則，你的能量永遠跟父母糾纏在一起，你很累，父母也成長不了。我看過太多這樣的例子，我自己也是這樣一路走過來的。現在我放下了對父母的罪疚和期待，我讓他們做他們自己，因此我也能做我自己。這是你可以送給你孩子的最佳禮物，因為孩子都是有樣學樣的。你爭取到的智慧和心靈的自由，都會被你的下一代吸收！

所以，不管你是在什麼樣的監牢中，請你看清楚把你關在監牢裡的是什麼，是怨恨還是恐懼？是罪疚還是悲傷？因為你無法放下你不承認或是你看不見的東西。看見了之後，知道它是讓你受了這麼多苦的元兇，那麼總有一天，你會開始逐漸放下它們，一步步讓自己重獲自由！

沒什麼力量可以讓對方做出改變

我曾說過這樣一句話，大意是：「親密關係中的問題，都是我們與父母之間問題的反映和投射。」因為這句話，有讀者就問我說：「在擇偶的時候，我們通常會以父親或者母親作為樣本，傾向於選擇與父母相像的類型。那如果我們在親密關係中遇到問題，解決問題的著力點是重新回到與父母關係的梳理當中，還是去梳理親密關係中自己的問題？」

雖然說，我們在親密關係中遇到的問題，大多都是與父母之間的問題的反映與投射，但我們不一定會找一個跟自己父母一樣的對象。在大多數情況下，這個對象給自己帶來的功課倒一定是你在父母那裡未完成的。

比如說你的父母對你期望很高，或者對你非常依賴，那麼你可能就會找一個對你期望非常高，又很依賴你的人，因為你這個學分還沒有修完。而你與父母之間的問題永遠都是要去解決的，不要等到它通過親密關係，或者在你跟事業、金錢的關係中呈現出來後才去解決。

當你有了這份了悟之後，你跟配偶在起衝突的時候，就可以「看見」：有些問題真的不是他的錯，可能是妳小時候的問題造成的，例如父母管妳管得很嚴，妳討厭別人對妳指手畫腳，而妳偏偏又碰到一個愛管妳的先生。那這就是妳的問題，因為他也許只是輕描淡寫地說了一句話，妳就爆發了。

當親密關係遇到障礙時，我們都覺得對方需要改變。其實真正要改變的是我們自己：為什麼老天要我碰到這樣的人？他來教我什麼功課？如果行有餘力，給對方他想要的，那無非就是無條件的接納和愛，不是恣意的嬌寵，而是有原則的尊重和寬容。沒有什麼力量可以讓對方改變，你只能創造一個讓他願意改變的環境。如果你認識到了這一點，在處理親密關係的時候，你就會有意識地放對方一馬。不管是什麼事，最終都是你的功課，而對方只是來告訴你、幫助你去加深了解你自己的功課，進而幫助你完成而已。

而我們跟父母之間的關係，其實很多時候會處理得過猶不及。過了就意味著關係牽纏得太緊，這樣就會造成一種狀況：你年紀很大了，還是沒有辦法放下父母，還要受父母的管制。另一種情況就是怨恨父母，跟父母之間的關係很疏離、很冷淡。

第二種情況反而比較容易解決。一旦你開始靈修、你的心打開了之後，你就能活在當下、接受自己。同時，你自然而然地就學會了接納和原諒。因為任何一種關係，只要其中的一方改變了，關係就會有所改善。只要你從內心裡去接納、去愛自己的父母，僵持的關係就會「破冰」，哪怕你從來沒跟他們說過「我愛你」，也從來沒有抱過他們，你會慢慢開始去試著這麼做。

當我們看到親人痛苦的時候，就好像看到他們在水裡掙扎，要溺水一般，即使我們自己並不想讓水打濕身體、弄濕衣服，但會想下水去救他們。不過，這樣會讓兩個人都在水中掙扎、痛苦（這個比喻的前提是，我們天生都會游泳，都淹不死。就像在痛苦中掙扎，也不會死人一樣）。如果我們能夠在岸上為他們加油打氣，告訴他們怎麼做可以讓身體浮起來，那麼他們就學會了游泳的技巧，而我們也沒有犧牲自己的快樂、幸福。和親人的能量糾結（尤其是負面能量），是現代很多人的痛苦。放手吧。他們淹不死的。

自私的愛

有位朋友，她八十多歲高齡的老爸已經不太行了，躺在床上幾個月，像半個植物人。她非常痛心，捨不得老爸離開，又心疼老爸受苦。每次回老家探望時，她都在天人交戰是否每次老爸病危（呼吸困難、心跳異常）時都要用非常手段（切管、電擊）去搶救。

我不忍心告訴她，其實她這樣做是非常自私的。她捨不得的，其實不是老爸，而是自己內心的那個依靠。她已經五十多歲了，卻沒有足夠的內在力量安然地、獨自地在這個地球上生存，心裡對父親還是非常地依賴，視他為唯一的精神支柱。

父母是把我們帶到這個世界上的人，但他們的任務是過渡的。我們長大以後，要真正地脫離雙親，剪斷臍帶，能夠獨立地、踏實地繼續過自己的日子，同時能夠自己找到在世生存的安全感。我這個朋友其實一直拒絕面對現實，也不想長大（或是說，不知道要成長），所以常常生活在不安全的感受中。

根據我自己的經驗，放下對父母的心理依賴之後，我們和他們的關係反而會變得更好。

因為沒有期待，所以不會要求他們用特定的方式來愛我們。

因為自己長大了，所以能夠原諒父母小時候對我們做過的一些不適當的事。

因為沒有依賴，所以不會讓父母用不適當的方式控制、操縱我們的生活。

因為成熟，所以父母離世的時候，我們會以最好的狀態送走他們，讓他們走得安心，不會為我們牽掛。

後來她對我說，她決定跟老天祈禱，要求祂帶走她的父親，免得他老人家受太多不必要的苦。她說這話的時候，臉上有一種決絕的表情，我知道，這對她來說真的很不容易。我不想告訴她，她早該這麼做了。但是，當有些人還沒有準備好的時候，讓她去面對自己內在的陰影是很殘忍的。

記得以前我有一位靈性老師，年輕的時候曾經是一位出色的醫生。他當時發誓說，任何病人都不能死在他手裡。他值班的時候，有一位老婦人經常被送進急診室，每次都被他強行救活了。可是最後一次，老婦人醒來之後，竟然抓住他的手，惡狠狠地責問他：「Why did you do this to me?」（你為何要這樣對我？）我的老師當下醒悟，原來他做這些完全是為了他自己，沒有為病人的最佳福祉著想。老婦人身體不好，又沒有家人照顧，走了對她來說是一種解脫和幸福，可是，這位靈性老師為了他的小我（ego），卻幾次強行救活她。真是自私的大愛。（意義矛盾的詞哦！）

話又說回來，如果我們對父母沒有這樣依戀、牽纏的愛，我們看到他們受苦、病痛的時候又會如何呢？另一個朋友就跟我說，她的母親最近不太行了，走路都有困難，還天天找她爸的碴，帶給家人很多的痛苦和不便。她堅定地告訴我：「我真的覺得她走了比較好！」

同樣是兒女，為何態度差這麼多？你能說前一個就是孝順，後面這個就是不孝嗎？我了解她們倆，也知道她們孝順的程度不分上下。差異就在於自己內在的感受。我們做的每一件事都是為了服侍自己內在的感受，不是為了外面的任何人、事、物，即使對父母、家人，都不例外。

所以，你可以堂而皇之地為自己的行為找很多藉口和理由，但是每個行為的出發點背後，都有一個內在的驅動力。即使是犧牲自己成全別人，也都是因為內在有這個驅動力，如果沒有，你不會那麼做。這樣說，並不是要抹殺其他人高貴的行為和動機，而是希望我們能為自己負起責任來，不要以愛為名，去傷害我們愛的人，或是使他們受苦。

當你清楚地看見，你想留下父親是出於這麼自私的理由時，也許你會因為愛他、疼惜他而願意長大、放手，讓他到樂園去，不再受肉體的疼痛折磨、束縛。

當你清楚地看見，你為家庭的犧牲、奉獻，實際上是出於自己被愛的需要，害怕自己不這麼做就會失去家人的愛和支持。那麼你就不會要求家人為你的犧牲做出相對的付出，同時你願意放下對他們交換利益的期待，因為這一切都是你心甘情願做的，怨不得別人。

當你清楚地看見，你不離開一段婚姻是因為自己缺乏安全感，不甘心就這樣離開，也不想擔負「破壞婚姻」的罪名（雖然犯錯的可能是對方），而不是真的為了孩子的最大福祉，你就不會以一副「孩子，我為你犧牲、忍受」的嘴臉在這段婚姻中待著，要孩子感謝你。而是會負起責任讓自己成長，尋找到自己的自我價值。當你有了內在力量，歸於自己的中心時，要不要離婚是你個人的決定，不要讓任何人、事、物成為你做決定的藉口。

兒童樂園是無憂、歡樂、天真的。這就是為什麼這麼多人都想當小飛俠彼得．潘，拒絕長大，活在自己的「neverland」（永無島）當中。然而現實世界是殘忍的，適者生存，我們必須長大，負起自己應盡的所有責任，才能夠安心、快樂地在這個成人世界裡過日子。那意味著不再異想天開，不再逃避責任，最重要的就是：為自己的情緒負起全部的責任。

當你能夠跟你的每種負面情緒（恐懼、擔憂、憤怒、悲傷、嫉妒等）好好共處於當下，不逃避、抗拒、轉移、發洩時，你就成長了，你的內在智慧會油然而生，內在空間得以打開，內在力量就會呈現。

祝福全天下的快樂孩童成長為快樂成人。

03

愛與被愛的藝術

愛的終點不是完美

親密關係究竟是怎麼回事？

每個親密關係有問題的人，一定都是與父母「有未完成的事項」，他們的父母關係一定有很大的問題。其實，說白了，每個人都是在親密關係中尋找童年的遺憾。有些人很幸運，真的找到了一個像爸爸或媽媽一樣的情人，但有些人則是必須面對兒時的舊痛，勇敢地在親密關係當中去修復。

我就碰到過一些童年缺乏父愛或母愛的人，他們非常清楚自己想要什麼樣的伴侶，所以通常會找一個跟自己條件有些差距的人（年紀大很多，相貌比較平凡，或是經濟條件不佳等），因此對方會特別珍惜、疼愛他們。而那些不清楚自己想要什麼樣關係的人，如果就這樣一頭「栽」進婚姻裡，通常就會被迫重溫兒時的噩夢——小時候不被父母尊重的人，會被伴侶鄙視；小時候被打罵的人，會被伴侶暴力相向；小時候缺乏溫情的人，也會找到比較冷漠的伴侶。所以，非常清楚知道自己要什麼樣的人，通常可以在親密關係當中少受苦。

有人說，親密關係是最好的修行道場。這話一點也沒錯，不過，不是每個人來到這個地球上都要正經八百地修人生功課的，我不覺得人生需要如此嚴肅看待。

但是，當我有過不去的坎時，我會把它視為我人生的功課，心甘情願地去修它。

我的前夫非常像我的父母：對我有很高的期望，以我為榮，但是又會非常嚴厲地要求我、批判我。當我結束與他的關係之後，我發現，這門功課我已經修完了。我不再那麼在乎母親的批判了；而父親對我的期待，我也可以像一條魚一樣輕輕鬆鬆地把它甩開。當我能做到不再把父母的意見、期待、喜怒哀樂背在自己身上的時候，我和他們的關係其實變得更好、更融洽了。

關於親密關係，我認為有一個比喻形容得很妙：親密關係就像銀行裡的一個帳戶，你需要不斷地存錢進去。每次雙方有爭執的時候，就相當於是從裡面提「錢」出來。如果我們不再繼續往裡存錢，總有一天，這個帳戶就會透支。而婚姻關係通常是讓兩個人都不願再往裡存錢的重要心理因素。其中的一方會覺得：都結婚生孩子了，你跑不掉的，所以我可以任我的性子做事、為人，不需要講道理，也不需要改變自己。對另一方來說，這種行為和想法就是從帳戶裡面不斷地掏錢。

我和前夫結婚的時候，我告訴他，我掙的錢，每個月都要拿一些回去孝敬父母。當時，他立刻反對，理由是：「妳嫁給我，妳就沒有家了，現在是我們的家，這些錢不是妳的錢，是我們的錢，妳不可以拿回家給妳父母。」我當時很傻，覺得他說的話有道理，而且他態度堅決又蠻橫，沒得商量，我也就委曲求全地答應了。

不過我還是會儘量想辦法挪錢回家給父母。當時的我竟然沒有看到他的無理和霸道，不會和他溝通說：「既然是我們兩個人的錢，為什麼你一個人來決定該怎麼花？」對我們的感情帳戶來說，這件事情就是一種情感的嚴重透支。

回首那段失敗的婚姻，我最大的感慨是：前夫沒有在婚姻中贏得我的尊敬，他沒有繼續往我們的感情帳戶裡存錢，最後帳戶的錢被取完了、透支了，他卻渾然不覺。而我應該要學習如何好好溝通，告訴他我心裡的真正感受，而不只是在心裡埋怨他，也賭氣不往帳戶裡存錢，任由那本重要的支票簿透支了。

面對現在的情人，我的態度是：不斷拿他來照鏡子。每次對他有要求、埋怨的時候，我也許還是會發洩出來，但我心裡清楚明白，他只是在提醒我內在沒有修好的那個部分。比如說，我最害怕他的冷暴力，一有爭執，他就冷漠以對。他的這種行為映照到我內在那個害怕被遺棄、害怕去感受孤獨的小女孩。所以，每次有這種情形出現的時候，也許是當時，也許是事後，我都會看到自己內在那個在黑暗中哭泣的小女孩，我會把注意力回收到自己心裡，在那裡安慰她、陪伴她。

有一位老師曾經說過，親密關係是人間最大的幻象，我感覺的確如此。表面上夫妻、伴侶生死與共，執子之手，與子終老，但實際上，我們都是孤獨的個體，沒有人可以和你完全地融合，滿足你內在的所有需求。與其要求對方迎合你或是為你改變，倒不如看進自己的內心深處，找到那個童年受創的小孩，跟他好好對話、相處。所以，最佳親密關係的秘訣就是：做你自己想要的那種父母，去照顧、安慰你的內在小孩。**這樣，你就會成為自己最佳的伴侶，也成為你配偶的最佳伴侶。**

每個親密關係都是量身定做的

有些男人很不喜歡自己的女人外出，他們擔心伴侶的人際交往過於頻繁，會讓自己沒安全感。碰到這種類型的男友、老公，女人要學會享受自己的快樂，不受對方的影響。當妳可以自我享受的時候，他的臭臉要擺給誰看呢？

和一個朋友聊天時，她突然說起了自己婚姻的困境。她說，其實也沒有什麼大問題，就是和老公愈來愈不合拍。老公不喜歡社交，不喜歡學習上進，非常封閉自己。除此之外，她出去做事、交友，他一點都不喜歡，只希望她天天在家裡等他下班，陪伴他。只要「在」就好。但是她卻喜歡做事，喜歡交朋友、往外跑。

唉！親密關係上的障礙都是為每個人量身定做的。如果對方的性格、行為是你能應付和掌握的，而且和你是不起衝突的，那你一定不會愛上他或是碰到他。

凡是碰到的親密關係，裡面都有功課要修。

她告訴我最大的痛苦就是出去後高高興興地回來，卻看到老公在家裡臭臉相向。她甚至想離開他，乾脆自己過，反正孩子長大了，都不住在家裡了。

我跟她說：「妳沒有權利要求他不對妳臭臉相向，就像他沒有權利要求妳不出去做事、玩耍一樣。」她是個成熟而且有智慧的女人，當下就非常同意我的觀點。然後我建議她，既然孩子都走了，家裡空間比較大，不如布置一個屬於自己的私人空間，比較隱秘，可以關上門，有自己的私密性。空間裡面可以放一些自己喜歡的家具擺設、書籍、音樂、電影等，完全屬於個人興趣的東西。當他每次臭臉相向的時候，妳就進到自己的私人空間裡，享受自己的時光。反正連和他分手都想過，就當作妳已經和他分手了，一個人快樂地享受自己喜歡的事物，不要受到他的影響。她覺得這是個非常好的主意。

我告訴她，臭臉擺出來是要有人看的，如果沒有人看，沒有人接收，這張臭臉肯定得改變。

夫妻之間有衝突一定是雙方都堅持自己的立場不肯改變，而且還想要對方先改，所以是無解的。如果其中的一方先改變，另一方就不得不變了。這是一個雙人舞步，一退一進、一進一退，屢試不爽！

要忍心讓你愛的人受苦

「玉不琢不成器，鐵不煉不成鋼」，這句話用在我們人身上是最合適不過了，很多人都聽過這句話，可是輪到他們或是他們心愛的人受苦時，他們就沒有那麼淡然瀟脫了。

我曾經說過，痛苦是成長的最佳燃料。燃料？什麼意思？就是要燃燒，要痛苦。但是，也有很多人，苦受了，卻無法成長或是受益，這是為什麼？原因很簡單，你是否能在痛苦中成長，取決於你對受苦的態度。如果你覺得自己是一個不折不扣的受害者，一切都是別人或老天的錯，那麼很抱歉，你雖受了苦，卻學不到功課。

人生最大的成長來自於在受苦中，我們保持著信心和希望，把苦難的考驗當成功課來做，認為這不是老天惡意的玩笑，而是祂精心為你安排的培訓。培養接受自己內在負面情緒的能力（和它們共處於當下的能力），多看看書，多和有生活智慧、對你關心的友人交談，這樣會讓你比較快地走出痛苦。當我們被苦難撕裂、擊倒、折磨到不能承受，卻還是能微笑地面對的時候，你會發現自己的內在空間擴大了，內在力量增強了，同時，對自己和對這個世界也更有信心了。

很多人應該都吃過「茶葉蛋」，我每次買的時候一定要挑蛋殼破裂最多的，這樣才最入味。同樣，我覺得人生經歷愈豐富，挫折愈多，也就是生命皺褶愈多的人，愈有味道。苦難真的可以幫助一個人成長，而之後的快樂自在是你想像不到的。

也許我們自己可以接受痛苦，再多的苦難都不在乎，但是，如果是我們特別關愛、心疼的人受苦，我們就很難等閒視之。所以，當我們看到所愛之人受苦時，自然而然會想幫他們脫離痛苦，於是就會為他們掃除障礙。

比如當孩子的玩具壞了，很多家長就會說：「再幫你買一個更好的！」其實，這不是在幫助孩子成長，而是在扼殺他們成長的機會。我們不是不能再買一個，而是需要先說明、引導孩子看見：玩具是東西，所有的東西都會有毀壞的一天。當它壞了的時候，我們可以為失去它感到傷心，但是同時也要「認命」地接受這個事實。如果孩子能夠學會這一點，這就是你送給孩子最好的禮物！跟舊的東西好好說再見，當你真正地放手了之後，我們可以去享受下一個新的東西，而不會有任何的遺憾！

另外，當我們愛的人為了某些事情受苦時，我們很想出手幫他們解決問題，可我的觀察是，如果你給他們一些時間和空間，讓他們自己解決問題，你會發現他們將變得更有智慧和自信，內在也會更有力量！

有人看到一隻蝴蝶掙扎著想從蛹裡脫離出來，他出於好心地幫蝴蝶剪開了蛹。但沒想到蝴蝶出來以後，翅膀卻張不開，最後死了。掙扎的過程正是蝴蝶需要的成長過程，你讓牠當時舒服了，可是未來牠卻沒有力量去面對生命中更多的挑戰。你希望自己愛的人永遠做毛毛蟲，還是希望他化身成一隻光鮮亮麗的蝴蝶？如果你希望你的情人能化身成蝴蝶，那你就得忍受他在蛹裡掙扎，以及將身體裡的液體壓進翅膀時的痛苦過程，這樣，他才能破繭而出、展翅高飛。

但說實在的，我們不能看情人受苦，不是單純因為愛他們，而是因為無法忍受自己內在的那種焦心、揪心的擔憂和心疼，我們自己的脆弱，使得我們無法承受內在的情緒衝擊。這時候，你可以帶著內心對他們最大的愛意，接受自己內在情緒的起伏波動，在他們身邊為他們加油打氣（而不是親自去幫他們掃除障礙，或是陪著他們一起愁煩），幫助他們靠自己的力量去度過難關，這樣一來，你們兩個人就一起成長了。

為你愛的人留一個空間

為什麼戀愛中的人那麼幸福？
為什麼熱戀會讓人如此陶醉？
為什麼有些人讓你那麼舒服？
為什麼結婚愈久就愈沒有感覺？
我覺得關鍵點在於：你有沒有為你愛的人在心裡留一塊空間？

我們都知道剛戀愛的時候，彼此眼中只看得到對方的好處和亮點，這個時候，我們的心裡留了好大一塊空間給對方。我們關注對方的一顰一笑、喜怒哀樂，所以對方覺得第一次被一個人這麼無條件地包容和接受，讓他覺得自己特別與眾不同。更重要的是，對方覺得你是完全和他同處於當下，你的內在有一塊空間是為他而留的。

而這是我們每個人心中永遠的痛。

因為在小時候，我們最需要有人全心陪伴、接納我們的時候，父母通常因為比較忙碌而疏忽了我們，沒能夠給到我們想要的那種關注。他們眼睛看著我們，腦袋裡卻想著別的事，很少能夠專注地注視著我們，陪伴我們同處於當下的時刻，所以我們感覺不到他們臨在的品質。

但是，當你戀愛的時候，「那個人」完全滿足了你兒時最匱乏的需求：他視你為特殊的人，他為你保留了一塊空間，隨時關注你。這是多麼大的滿足啊！在情人的臂彎裡，在情人的注視中，我們有天荒地老、此情不渝的感覺。

然而時間一久，當兩個人結婚或是交往很長的時間之後，一切就不一樣了。天天看，天天見，久而久之，你愈來愈像家裡的家具——少了會覺得怪怪的，但是放在那裡又覺得理所當然。我們需要對方給我們一點高品質的時間，心裡撥出一點空間給我們的時候，卻發現對方心裡滿滿地充斥著他的工作、朋友、興趣、家人，就是沒有留一塊空間給你。

所以，想要兩情長久，在心裡為對方留一塊空間是非常重要的。婚姻是需要經營的，即使你心裡知道，要留一塊空間給對方，可能這塊空間也會被你的積怨遮蔽掉。在親密關係中，坦誠的溝通也是非常重要的。每次吵完架，我們一定要剖心掏肺地和對方談談，並且商議下次爭吵時應該採取的措施和預防爭吵的策略。當然，有時候，在兩個人都有一定的覺知和智慧下，爭吵也可以是很有建設性的。平常，為了和睦相處，雙方可能都有一些話沒有說出口，在爭吵的時候，可以一吐為快。但這種傾吐不是攻擊，只是說出自己心裡真正的感受，也許這種感受很孩子氣

（我幫你做了那麼多事，你都沒有說「謝謝」），平常不好意思說，趁著爭吵的時候全都說出來。如果愛的基礎穩固，雙方因此就能有更多的理解和寬容。

不僅是親密關係，我覺得親子之間，你也可以在心裡為孩子留一塊空間。我自己狀態好的時候，孩子來到我面前，我會毫無防備、毫無異議地看著他，享受他的樣子和他的存在，並且覺得自己怎麼這麼棒，會生出這樣的孩子。這時候，孩子的心裡會非常舒服，雖然你什麼話都沒有說，只是靜靜地看著他，為他在心裡留出一塊空間，他就已經全然理解和感受到了。

但是當我狀態不好的時候，孩子（或是情人也一樣）來到我面前，我就會開始想找碴，總是看他有什麼不對勁。不是太胖（我兒子）就是太瘦（我女兒），然後就會用媽媽的口吻說：「功課寫完了嗎？今天吃零食了嗎？」總之，就是想挑他們的毛病。如果在我非常忙碌的狀態下，孩子過來時，我會非常敷衍：「好啦，要錢給錢。」如果孩子問什麼事情好不好，我就儘量說「好」，以便打發他們離開。遇到這樣的情形，孩子心裡就會感到不舒服。久而久之，他們會知道自己在媽媽心目中的價值是什麼。當我發現了這一點後，孩子來到我面前時，我總是立刻把注意力放到他們身上，讓他們知道，我有多重視他們，我的心中隨時隨地都為他們留了一塊空間。

內在空間，你需要留給自己，也要留給你愛的人。

以最大的善意回應別人的求愛

人的每個行為後面的動機其實都在求愛。哭泣也好，憤怒也好，謾罵也好，講理也好，都是在呼求愛。每個人都希望自己是獨特的、被愛的、重要的（放下這些需要，我們就開悟啦）。

聰明的人求愛的方式比較高明，他們懂得如何去稱讚別人或自己，很努力地為別人付出，讓別人無可挑剔，心甘情願地給出他們想要的東西。這就是一種雙贏的局面。

而有些人求愛的方式很笨拙，他們以為，自己得不到愛，所以讓對方痛苦就會有愛的感覺。誰知道，對方痛苦之下，我們自己會變得更加痛苦，沒有例外。我不相信有哪一個人會因為看到別人受苦而快樂的！雖然他們的行為可能是加害者，但是他們真的只是困惑的孩子。他們以為讓對方受苦，他們就會快樂。因為讓別人受害以後，他們可能會有短暫的報復快感，他們覺得這樣總比自己一個人難受要來得好。

我相信在這些人的內心深處，他們是有內疚和自責的。但是因為害怕面對這些內疚和自責，他們只好振振有詞地合理化自己的加害行為，把對方妖魔化，好讓自己的良心好過一點。或是用一些大道理為自己的行為辯護，其實，內心的出發點是害人害己的，可惜他們沒有足夠的智慧去了解：讓別人快樂所得到的快樂才是最能夠持久的。

可能這些人小時候習慣用這種方式去索取愛，去試圖得到自己想要的東西，他們完全沒有意識到這種方式是愚蠢的、兩敗俱傷的。就像最近發生的一些街頭暴力、衝突，好端端的一個兩歲的小孩，因為大人的意氣之爭，被活活摔死了。而當時根本沒有發生什麼大不了的事情，純粹是雙方的面子掛不住，逞口舌之強，害死了一個無辜的孩子。

明白了這點，當別人以不正當或是不明智的手段求愛（或是求面子）的時候，我們就知道了：其實那張兇狠、愚昧、可惡的面孔後面，只是藏著一個受了傷的孩子在乞討更多的愛而已。他需要的只不過是一份理解、尊重（即使一開始是他自己的錯）。如果我們自己的內在夠寬廣、夠慈悲，何不嘗試著給他一點愛？如果能夠先放下自己情緒上的需要，用最大的善意和愛去回應別人不當的求愛行為，對方的行為一定會改變。我就聽到這樣一個真實的故事：

一個又累又餓又沒錢的殺人通緝犯，站在一個水果攤前，看著肥大的甜橙，摸著自己手中的刀子，想要再用暴力去取得自己想要的東西！水果攤老闆看到他的疲憊、渴望和窘態（穿得破破爛爛，肯定沒錢），於是大方地塞了一個甜橙給他，揮揮手讓他走了。第二天，通緝犯又來了，老闆看到他，二話不說，又給他塞了兩個甜橙。來了幾天之後，一次老闆發現，自己的水果攤上有一張報紙，上面竟然是通緝犯的照片，懸賞三萬元。這下老闆不敢掉以輕心了，連忙通知警方。第二天，警察佈下了天羅地網，準備充足的警力來逮捕這個暴力的殺人犯。沒想到他一出現，就束手就擒，毫不反抗。事情結束後，老闆又發現水果攤上有張字條，上面寫著：「我已經厭倦逃亡的生涯了，謝謝你的善心，給了我最大的溫暖和勇氣。賞金三萬元是我唯一可以報答你的。」

這個社會需要這樣的祥和，它可以化解暴戾之氣。

期望其實是一種負面的能量

很多女性朋友都喜歡抱怨，抱怨她們的另一半，抱怨婚姻生活不幸福，然後這些抱怨都會回歸到同一個問題——該留下還是離去。

我們都知道，關係是修行最好的道場，你的配偶絕對是你修行的最佳對象，否則你不會遇到他。可是，每個人的功課都不一樣。該去該留，外人豈能隨意下定論？

拿我媽的例子來說，她就直言，當年如果她有謀生能力的話，早就帶著我和我哥跑掉了，不會和我爸過下去。但是，爸爸到了晚年，搖身一變成為標準丈夫，對我媽疼愛有加，兩人現在如膠似漆，互相照顧。所以，該離或不離，真的是很難說的事。

我曾經上過克里斯多福・孟（Christopher Moon）[10]老師的課，他也談到了這方面的議題。我把上課抄的筆記（不完全，而且加了自己的話，不過意思大致如此）寫在這裡和大家分享。

抱怨顯示了你的無力感（powerlessness）。

你把快樂附著在他的行爲之上，所以你就把力量給了他，並沒有爲自己的快樂負責。

你覺得你爲他而改變了，可是你有一個隱藏的議程（目的——hidden agenda）——「我改了，所以你也應該改。」他不是不了解，他還不改是因爲你希望他改，他探悉到了你的意圖。

期望是一種負面的能量，它只會帶來失望。

你被囚禁在這個情境中，沒有人規定你要留在這裡，但是你忍受它，被它囚禁。

首先你要了解到婚姻是一個自由的選擇，他沒有義務要改，你也沒有義務要留下。你有自由離開，所以你也有自由留下。當你看見：我不需要待在這個婚姻裡，我也不需要守候著他，那個時候，無論你的選擇、決定是什麼，都是自由的，而且是心甘情願的。

10. 克里斯多福•孟，世界著名知見領袖訓練師、心理治療師、演說家、作家。開設了「生命教練訓練工作坊」「生命教練進階訓練工作坊」「父母關係工作坊」等課程，深受學員歡迎，著有《親密關係：通往靈魂之橋》《生命的禮物：探索心靈之旅》等書（以上皆由新自然主義出版）。

我們像囚犯——他的行爲的囚犯，由他的行爲來判決我們快樂與否。

想要待在關係中，你必須要承諾去接納自己內在的不安全感和痛苦，並且認清他永遠不會改，與這個事實和平相處，而且這是一個選擇！當你投注心力和能量在努力改變他的行爲之上時，你就會被折磨，而且對他和他的行爲過度地重視和依戀。

你能以他現在的面目愛他嗎？

當我們對一個人有期望時，比如說，你要求他陪你，要浪漫，要負責，這時你就會看到對方不陪你，不浪漫，不負責任。你的期望其實注定了你會從對方身上得到一個負面的經驗。

讓他做他該做的，接受他不會改變的事實。這並不是說你必須要待在這個婚姻中，但是你必須找到一個方法和他的行爲和平相處。

看著他，你是否能夠放下你的期望，以他現在的樣子愛他，並且接受他？

對任何事情有期望都會讓你受苦。

關係的兩大殺手，頭號就是期望，其次就是「要對」！兩人之間小我的戰爭總是要分出來誰對誰錯，而沒有一方想成爲「錯的」那一方。兩個人都要對，難免兩敗俱傷。

我覺得克老師這裡說的「期望」，是相較於「希望」來說的。「期望」是說，如果得不到，我就會失望、傷心、難過。而「希望」是說，我希望你能這樣做，但是如果你沒有做到，我也還是很OK。如果我們只有希望，沒有期望，日子會好過很多。期望就意味著落空，而希望可以激勵我們朝自己想要的目標邁進，如果沒有成功，我們還是可以活在平安喜悅之中。很難！但是，可以作為我們的一個目標。

你裝得下世界，世界才會容你

在我們的生命中，某些時候，我們可能會痛恨一個人，因為，我們對他（她）有滿腔的憤怒無處發洩，這就會演變成恨意。仇恨和憤怒都是雙刃劍，傷對方也傷自己，其實通常是傷自己來得多。

為什麼會對一個人有憤怒？當然，一定是對方做的事或說的話讓你受傷了。這個傷通常是心裡的傷：被拋棄、被背叛、被誤解、失望等，繼而引發傷心、痛苦、罪疚、羞愧、悔恨等情緒。啊，找到元兇了，原來我們無法原諒的，其實不是那個人或是那件事，而是因它們而產生的情緒讓我們無法招架。當我們不願意為自己內在的情緒負責，更不願意去感受它們的時候，我們就去責怪、怨恨那些為我們招來這些情緒的人。

所以，情人有外遇，不是他的行為傷害了你，而是你內心被激起的被背叛的感受讓你無處可逃，痛苦不已，所以會採取一些手段對付他。對方說的話讓你生氣，不是因為他說了什麼，而是他說的東西勾起了你內心被貶低、無價值、被誤解等不同的感受，引發痛苦的情緒，讓你無法承受，所以你用憤怒反擊回去，目的在於讓自己不要感受到這份痛苦。

有些人的怨恨還不僅止於此，甚至是「轉嫁」情緒，自己無法承擔面臨的痛苦，所以遷怒別人。

記得有位朋友曾經告訴我這樣一個故事：在美國有對夫妻，他們的大女兒在暑假的時候想和同學租車從東岸開到西岸，再坐飛機回東岸。媽媽反對這個主意，認為太危險，不支持。爸爸覺得讓孩子做自己喜歡的事沒什麼不好，因此，用自己累積的飛機哩程換了一張回程機票給大女兒。

很不幸，出事了。孩子們晚上開夜車，太累了開始打瞌睡，車子滑入對面車道，和來車對撞個正著，大女兒當場死亡。

在停屍間裡，爸爸流著眼淚親吻女兒的遺體，媽媽是連站起來的力氣都沒有。但是她有仇恨的力量，她宣稱，這輩子都不會原諒自己的丈夫，後來就離婚了。這個媽媽就是一個典型的遷怒例子：自己承受不了失去女兒的痛苦，化悲憤為力量來對付自己最親的老公。不僅失去女兒，由於無法接受失去女兒的事實，沒有辦法和自己悲痛的情緒相處，所以她選擇怨恨老公一輩子作為報復，這既傷害了老公（失去女兒又失去妻子），也更加傷害了自己（失去女兒又失去老公）。唉，人啊。

記得有一則臺灣新聞讓我很感動。有一天，一名臺灣大學的教授在公園散步，無緣無故被一個有煙毒癮的慣犯殺死了。教授的太太聞訊之後，悲痛地趕到現場。記者問她有什麼感受（記者有時真無情），她居然說：「我原諒那個殺人犯，他不知道自己做了什麼。」這個偉大的妻子一直讓我非常仰慕和感動。她能夠接受老公已死的事實，並且和自己悲痛的情緒相處，不把它們投射在殺人犯身上，變成一輩子的怨恨和遺憾，真是太棒了。她一點都不需要修行，她本身就已經是個菩薩了。

再舉一個例子來證明，讓我們產生憤怒情緒的不是那件事情，而是我們對事情的看法。我們看事情的角度衍生出了我們不想承受的各種情緒，因為不想承受，所以用憤怒的方式找人討回公道，來逃避我們的難受。

金庸的《天龍八部》大家應該都很熟悉，王語嫣一直苦戀表哥，癡纏不放。偏偏段譽也是死心眼地喜愛她，窮追不捨。在一口枯井裡，王語嫣親眼看到表哥是如何不顧她的死活，而段譽是願意為她去死的。霎時，她的心意變了，開始對段譽有好感，不再癡戀表哥了。

接下來，她偷聽到了表哥和其他人的一段對話。原來表哥為了重振自己的大燕帝國，不惜到西夏去應徵駙馬，好增強國家實力。要是在以前，王語嫣聽到這段話一定會傷心得暈過去，可是，由於她心意已變，聽到這番話後反而有如釋重負之感，心中甚至暗自祝福表哥能夠成功地選上駙馬，免得對表哥懷有內疚。

人真是好玩啊，一個念頭的轉變，竟然會讓自己的感受、反應如此不同。說了這麼多，我就是想幫助大家（也是幫助我自己），把對外投射的眼光拿回到我們自己身上。親愛的，外面沒有別人，這個世界的人、事、物都是一面鏡子，映照著我們內心的世界。有的時候反照出來我們內心陰暗的一面，我們不願意去看，就憤怒地摔破鏡子。不過，鏡子永遠不會「斷貨」，它們會源源不絕地出現在你的生活中。什麼是修行？這就是了。

婆媳關係來教導你什麼功課？

我需要你的愛，這是真的嗎？[11]——拜倫・凱蒂

婆媳關係一直是很多女性都非常苦惱的一個問題，因為跟婆婆的關係一旦緊張，自己跟先生的關係也肯定會出問題的。

其實，我們的關係遇到困難時——無論是跟誰——投射出來的結果都是我們跟自己內在某個部分的關係很差。而這份目前不好的關係，只是來幫助我們修復內在那個部分的創傷。當我們修復好了之後，我們自然而然就會知道應該怎樣去應對丈夫、婆婆和其他關係人了。

試著在生活中儘量把焦點放在自己身上，找一種你喜歡的、跟身體有連結的方法去靈修，比如瑜伽、太極拳、氣功等。因為關係的改善不在於你去學習什麼技巧，或是去改變對方，而在於你自己的狀態。你自己的狀態調整好了，心胸開闊了，情緒變好了，你就會有更多的內在空間和智慧來容許別人做他自己。

比如說，妳跟老公之間存在矛盾，一定是他在某些方面看妳不順眼，而妳也

在某些方面看他不順眼，或是有什麼事情在相互牽纏著。如果妳自己的狀態調整好了，妳會覺得，以前他讓妳很討厭的一些事情和行為，妳不那麼在意了。和婆婆的關係也是這樣，平時，她講的某句話會刺傷到妳，讓妳感覺不舒服。自然而然，妳會不願意看到她，或者想要反擊回去。可是如果妳自己的狀態很好，她講再多不好聽的話，妳也就一笑置之，繼續享受妳的生活。那婆媳關係也就沒機會惡化了。

我從來不去告訴大家應該怎樣改變別人，而是一直在說，我們應該去了解這段關係是如何幫助自己修行的，我們的伴侶是怎樣在扮演他的角色，婆婆又在扮演什麼角色，以便讓我們內心的老舊傷口有更多療癒的機會。從這個觀點來看我們生命中所有的關係和問題，那麼你就是有力量的，你就會成長。

這是因為，在靈性成長的道路中，我們要把每一塊無意識的「石頭」都翻過來，看清楚，才能獲得最終的自由。而當任何人激發了你的情緒時，就是我們該去尋找那些「石頭」的時候。翻「石頭」的過程會很痛，因為那些「石頭」都是我們小時候留下的創傷，平時我們都不願意去碰它。大多數人只想在一段風平浪靜的關

11.《我需要你的愛。這是真的嗎？四個問句改變愛的關係》，拜倫・凱蒂（Byron Katie）和麥可・卡茨（Michael Katz）合著，方智出版。拜倫・凱蒂是美國最著名的心靈導師之一，心靈書籍的暢銷作家，「一念之轉」的創始人，另著有《一念之轉：四句話改變你的人生》，奇蹟資訊出版。

係裡好好過日子，不去動那些「石頭」。可是天不從人願，伴侶關係、婆媳關係都會促使你必須去翻動那些「石頭」。

我們再回過頭來想一想：處理好跟婆婆和老公的關係真的是妳人生的第一要務嗎？關係好了以後，妳會得到什麼？親密關係的滿足感。那這種滿足感會帶給妳什麼？喜悅。但是，妳已經為改善這段關係糾結了這麼久，用現在的方法努力了這麼久都沒有用，那妳要不要試試別的方法──自己先找到自得其樂的方法、找到滿足和喜悅之後，再來回觀婆媳關係，而不是一直在「婆媳關係」這個議題裡面糾結、鬱悶？

我一路走過來，發現我們的信念是讓我們受苦的最主要原因，而不是外在的這些事情。我以前也是很想討好我周邊的「關係人」（當然包括我的婆婆），但是愈是這樣我愈累，愈累我愈不舒服，愈在意他們我愈不快樂，就造成了惡性循環，結果是關係反而更不好了。所以，如果妳抱持的信念告訴妳：「我的婚姻一定要成功，我一定要跟婆婆處理好關係，否則我就是壞女人。」那妳就會一直執著於此。

讓我們來檢視一下妳的信念吧。為什麼一定要跟婆婆處理好關係呢？為什麼一定要讓婆婆喜歡妳呢？為什麼要把這個信念枷鎖硬生生地套在自己身上呢？妳先讓自己變得快樂了、開心了，自然而然，妳的快樂、開心、愉悅，這些正面的能量就會散播出去，滲透到妳跟婆婆和先生的關係當中，他們會用不同的眼光看待妳，會用不同的方式跟妳互動，到時候，妳就有更多的內在空間去接納他們，關係自然而然就變好了。

其實最重要的還是要修復好妳跟自己的關係，這個部分的問題都會投射在妳跟婆婆和丈夫之間的關係上。所以妳一定要先愛自己，不要給自己那麼多的枷鎖，說「我一定要跟老公搞好關係」「一定要做一個受婆婆喜歡的傳統好媳婦」。我曾經也一直這樣認為，我要做傳統的好媳婦、好女兒、好媽媽……但是我努力了，做不到，這也不是我，我為什麼要讓自己這麼不快樂呢？當我能夠接受最壞的情況——「我的婆婆就是不喜歡我，我永遠討好不了她」——的時候，我就放過了我自己，當然也放過了她。剩下來唯一要做的，就是跟自己的恐懼、不安、愧疚、不舒服的感受在一起。這就是所謂的「跟自己的關係」，跟別人半毛錢關係都沒有。

試想，如果妳連跟自己的關係都處理不好，怎麼有能力去處理妳跟婆婆、跟老公之間的關係？有一天我終於發現，當我真的快樂起來了，能和自己的負面情緒坦然相處了，我自然就是一個好媳婦、好女兒、好媽媽。但是如果我們把這樣的枷鎖先套在自己身上，不但會讓自己苦不堪言，我們周圍的人也會痛苦不堪。所以，試著把枷鎖丟掉，做回自己，無條件地愛自己、接納自己，然後再看看，妳生命中的這些重要關係，會產生什麼樣的變化？

非暴力溝通：所有關係都是你和自己的關係

伴侶之間為什麼要大吵一架後，兩個人的感情才能更進一步？這就意味著這兩個人的關係在平時可能處於一種小心翼翼的狀態，雙方都不願意說真話，到最後，其中一個只能妥協、忍氣吞聲。等到吵架之後，雙方積攢的負能量都釋放出來了，關係可能就會更進一步了。

另外，比較隱晦的一點是，有時候，夫妻性生活不和諧，他們會通過吵架來發洩，因為吵架也是一種能量的爆發和宣洩，跟性生活其實是相近的。很多性生活不和諧的情侶，他們就用吵架來作為一種溝通的方式。因為性生活、性行為是雙方裸裎相見，而且必須要在完全沒有設防的狀態之下，你才能夠享受。在那個狀況之下，你是很脆弱、很不設防的。

在這種情況下，夫妻雙方生活久了就不太喜歡做愛了。怎麼辦？他們的能量何處去呢？只好用吵架來宣洩。有時候，這種情形再演化下去就會發生外遇。

克里斯多福・孟老師就說過，外遇其實是夫妻之間想要關係更進一步，彼此更靠近對方的一個表徵，而且外遇是兩個人的潛意識都同意的——我們的婚姻現在可能走不下去了，所以其中的一方必須通過外遇來讓兩個人決定：要嘛就好好地待在一起，要嘛就徹底分開。

世界上所有的關係，其實就是你和自己的關係，就像克里斯多福·孟老師說的，吵架需要兩個人，而和好只需要一個人。所以總結來說，我們還是要把自己修好，這是最重要的。你把自己修好了，你的溝通能力就變得很好了。

《愛的語言：非暴力溝通》[12]這本書講到了溝通有四個步驟：

第一個步驟是，陳述對方所做的事情或所說的話，但是妳要表達得很精確，並且不能有任何的情緒和批判在裡面。比如說，「你每次下班晚回家都不打電話給我」這句話聽起來是事實，但「每次」這個詞可能就有一點問題了。講話的時候，妳可能就要改成「你有時下班晚回來都不打電話告訴我」；

第二個步驟就是述說妳的感受。他的這種行為給妳帶來了什麼感受：讓我覺得很傷心，或是讓我覺得很不舒服；

第三個步驟是，要為自己的感受負責。妳的傷心或不舒服是因為妳對他有要求和期望，而不是他的行為讓妳傷心。舉例來說，如果妳自己在家裡上網玩遊戲特

12.《愛的語言：非暴力溝通》，馬歇爾·盧森堡（Marshall B. Rosenberg）著，光啟文化出版。

別高興，可是老公一回家就不讓妳玩了。可能在這種情況下，即使他不告訴妳他會晚回家，妳都會很樂。所以，第三個步驟妳可以說「因為我希望你能夠比較重視我，讓我知道你的動向」，或是「因為我希望知道你究竟什麼時候回家，我好安排我的時間」。把引發妳情緒的原因和責任放到自己身上。

第四個步驟就可以告訴他，妳希望他能夠做什麼，向對方反映妳的需求，然後具體提出妳的要求。比如說，「我希望你如果不回家或者晚回家的時候，讓我知道」，或是「你以後可不可以儘量試著打電話回家或至少發條簡訊給我」。

「非暴力溝通」在全世界都很流行，可是我自己在練習的時候常常覺得不容易做到。我覺得這種方法對不熟的人、對上司，也就是那些你對他有些情緒，但又不想得罪他的人很有效，有時候對小孩子也可以。因為我的小孩都很大了，我再罵他們，他們只會反叛，所以我必須用這種非暴力溝通的方式跟他們溝通。

可是這種方式用在親密關係上就比較難見效。因為其中一方通常是另一方的情緒垃圾桶，一有情緒出來就往他身上扔，然後覺得不罵不爽，所以很難做到這一點。這時候，你真正要面對的其實是自己的情緒。在你身體好、精神好、負面情緒少的情況下，你比較有能力採取「非暴力溝通」；如果你自己的身體不好、情緒不好、負面想法很多時，你想做都做不到。

跟別人在能量上牽纏在一起，是讓我們沒辦法活在當下、沒辦法快樂的一個很重要的原因。因為你想，你的能量跟另外一個人的能量牽纏在一起，他開心，你就開心。他要有事，你就想去拯救他。不只如此，你還要對方的關注、認同、讚賞，這也是你跟別人的能量牽纏在一起的方式，但這其實並不是真正的親密關係。幾乎所有的人都需要別人的讚賞、認同和關注，這個習慣來自於孩童的時候，我們一直在企求父母的關注，因為當時我們脆弱無助，父母的關注對我們來說是生死攸關的事情（至少當時我們感覺如此），養成習慣之後，我們已經忘了自己現在是成人了，即使沒有任何人關注我們，我們仍然可以活得很好。但是這個兒時建立的習慣我們並沒有覺察到，而更糟糕的是，這個需求一直沒有獲得滿足，因為父母都太忙了，無暇顧及我們，所以我們就養成了每天要靠別人的仰慕和關注而生活的習慣。

尤其是當有親密關係伴侶的時候，我們更希望他能關注我們，贊同、讚賞我們，但是這樣我們就迷失在他之中，跟他的能量牽纏在一起了，所以他的一言一行一舉一動，我們都特別地關注。這時候怎麼辦？把目光收回來，投注在自己身上，因為你所要的那份關注和關愛，只有你可以給自己，在別人身上永遠得不到滿足。

婚姻是愛情的墳墓嗎？

婚姻實在是一門困難的功課，我曾經問過好幾對結婚幾十年的夫妻：這幾十年來的相處之道是什麼？他們都不約而同地回答一個字：「忍！」

我們現代人，尤其是女性，已經不像以前那麼傳統了（包括我自己），畢竟我們都受過高等教育，而且有自我謀生的能力和獨立自主的需求，要我們忍，似乎是非常困難的。那婚姻該如何走下去呢？

首先，我必須承認，婚姻是扼殺愛情的溫床，因為好像那一紙婚約一簽，兩個人都開始鬆懈了，可以任性地為所欲為，因為對方跑不掉了。所以我個人覺得，婚姻成功有兩個要素（也許並不全面，但足夠概括了），第一就是要在婚前試婚很長一段時間，看看對方的很多習慣你是否能夠接受。第二，想要改變一個人是極其困難的，所以不妨選擇自己比較能接受的那種性格的人，這樣相處起來比較容易。同時，要學會「管理」自己的期待。

當然，這個前提是你要很清楚自己要的是什麼。所以婚前多談戀愛，多接觸不同的人也是很重要的。對我而言，我每次談戀愛都會發覺「什麼是我不要的」，而直到年紀很大了，對自己的了解愈來愈清晰，才開始真正了解自己想要什麼樣的男人。

舉例來說，如果有人欺負你，或是你與其他人有爭執了，你希望你的另一半的反應是什麼？希望他站在你這邊跟你一起罵對方，甚至不惜為你去討回公道？或是至少提供你情緒上的支持，安慰你？是的，這些都是我一直以來的期盼。因為我始終都有一個感覺（也可以說是生態吧！）：我是孤單一個人的，沒有人會了解我的感受，同情我、諒解我、支持我。

所以，當我在外面受了委屈，與人有爭執的時候，我前夫的反應是：「這都是妳的錯，妳自己要檢討。」而且他還會拿一些靈性道理來教訓我，甚至站在對方的立場幫對方說話。而現在的情人的反應，則要看他的心情。如果他不忙，心情不錯，他會安慰我兩句；如果他忙，心情不好，那他就是一副「我很忙，妳的事別來煩我」的嘴臉，讓人氣結。可是相反的，如果我的情人在外面受了委屈，與人有爭執，我可是會很心疼而且恨不得去找對方理論、討回公道的。（反了反了，我變成男人了！）

所以，如果「在外面被欺負，回家有依靠」對你來說是一個很重要的議題的話，勸你在婚前先看清楚。否則，根據我的經驗，無論對方多麼愛你，你跟他再三說明這對你非常重要都沒有用。他們還是會我行我素，不會為你改變的。

這就要提到婚姻和諧的第二個要素了——改變自己的期待。我發現，對我來說愈是重要的東西，我愈是無法從另一半的身上得到。從靈性的角度來看，我知道這是我自己的人生功課。比如說，情緒上的支持。我以為前夫頑固不化，和他多次溝通都沒有用，所以我放棄了。但是換了現在的情人，雖然表面上他看起來溫柔體貼，對我非常好，但是碰到節骨眼的時候，他還是一樣無法支持我，也是會跟我前夫一樣：火上澆油！

因此我了解到，再換男人也是一樣，這是我生命的功課。從小父母雖然非常疼愛我，可是他們也是從來無法給我情緒上的支持。記得小時候，我在外面受了委屈如果回家哭訴，他們不是不耐煩地說我就是嘲笑我，無法給我深情的安慰和理性的支持。長大以後，我的好朋友非常少，最要好的一個閨蜜卻是最不會安慰人的。有一次我和她訴苦，她聽了就說：「妳不是靈性大師嗎？怎麼也會這樣？」真是雪上加霜。又有一次，我告訴她我的感受，她居然直接說：「那妳怎麼辦？妳去死算了。」這又是在傷口上撒鹽。但這是我最要好、交往十幾年的好朋友。我不怪她，因為我知道她很愛我，視我為姐妹，但她就是不會安慰別人，我的這個需求，永遠無法在別人身上獲得滿足。

知道了這是自己的「罩門」之後，我只有認命。生活中有了委屈找不到人傾訴的時候，我不會去責怪我的另一半，要他為我的感受負責。我為自己的感受負起責任，同時願意去承受自己內在的痛苦，試著做自己最好的朋友，安慰自己，心甘情願地停留在那個從小到大我一直想要躲避的感受中：孤獨與無助。當我不再視它們為洪水猛獸，願意試著與它們和諧共處的時候，它們也就不像以前那樣時時來造訪我，而且一來就趕不走似的。

所以，誠心接受自己的負面情緒，並且有能力和它們在一起，不要另一半為它負責，這是維繫一段婚姻的最重要元素之一。如果婚姻中的雙方都能夠這樣精進地修煉自己，而不是要改變對方的話，婚姻就絕對不是愛情的墳墓，反而是靈性成長的最佳道場。

親密關係中的功利性

很多人認為，親密關係是多麼浪漫的事——兩人初相見，天雷勾動地火，於是展開驚天動地的戀情——其實，親密關係是非常功利的。如果你從這個角度去檢視，就會發現的確是這樣。

生物學家做過研究，男人和女人對求偶的標準，的確建立在一些基礎的「生存模式」的需要上。這可以追溯到原始人時代，當時的女人需要高大的男人來確保生存機會，而男人則要選擇看起來很會生養的女人好為他延續後代。而在現代我們更是常常見到，男人因為有錢、有勢，可以娶到又年輕又漂亮的老婆，雙方就是基於「功利」的基礎，因互惠互利而結婚或在一起的。

其實，說白了，如果你對我的生活沒有一點實質上的幫助，又讓我自我感覺不良好，我為什麼要跟你在一起呢？除非，從靈性的層面上來說，我有一定的人生功課要學習，所以會跟你在一起待到功課學會為止。或是說，我們已經結婚生子或在一起很久了，如果不跟你在一起，我要付出很大的代價（穩定感、面子、孩子、經濟來源、親友壓力等），那麼我可能會勉強留在這段關係裡。但是，這樣的關係也不會維持太久的，因為一方有沒有獲得精神上的滋養，就看他忍耐的程度有多高、願意忍耐多久了。這就是為什麼很多日本女人在孩子念大學以後發動家庭革命，說什麼也不再伺候那個「糟老頭」了——受夠了!!

總而言之，所有的親密關係、婚姻都是靠互惠互利而維持下去的。說得這麼直白、殘酷，原因就在於，我們有這樣清楚的認知之後，就能更加有覺知地去維繫一段我們珍惜的感情，而不要等到對方外遇了，或是婚姻、關係破裂了，才如夢初醒，卻還不知道發生了什麼事。

所以，當我們和一個人在一起的時候，可能先要想想——我為對方帶來了什麼？對方是否因為跟我在一起而獲得快樂、幸福或是他想要的東西？如果你是既得利益者——用婚姻的枷鎖、小孩的牽絆，或是財務的優勢、道德的約束來拴住對方——那麼很抱歉，對方即使不離開，他的心也已經跑到十萬八千里外了。有一天，他突然離去的時候，你就不要哭天喊地地成為一個受害者。

這是每一個人在親密關係中都必須仔細、冷靜思考的一個話題——你為對方帶來了什麼？這些年來你有沒有成長？有沒有讓自己在各方面都有進步，並且愈來愈自信？還是拿婚姻的保障、感情的基礎作為老本，不斷地啃噬它？

我認識一位男性朋友，外型相當不錯，本身也很有才華，年輕的時候交過不少漂亮的女友。可是當他年華老去的時候，由於個性固執，自視甚高，他的才華沒有為他儲蓄到金錢，生活過得比較寒酸。但最重要的是，他沒有好好發展自己，讓自己成為一個見識廣博、說話有趣、個性又討人喜歡的人，所以他的交友機會愈來愈少。不在乎你有沒有錢的女人其實很多，不是每個女人都那麼現實的。但是，你本身如果沒有足夠的吸引力，對方為什麼要跟你這個年紀又大、又沒錢、說話又無趣的人在一起？你的相貌逐年老去，只有內在才能煥發吸引人的光芒。如果不能注重自己內在的成長，這個人可能注定要孤獨終老。

多大年紀的女人都有人愛。有一部電影《哈諾德與莫德》（Harold and Maude），就是講述一個二十多歲的年輕人愛上八十歲老太太的故事，這不是天方夜譚，你看了就明白。那個年輕人完全沒有生活的熱情和動力，整天想的、琢磨的就是死亡。而這個老太太卻充滿生命力，生活過得充實、愉快、刺激、過癮。年輕人因為和她在一起而感覺到了重生——重拾了生命的樂趣，知道什麼才是真正的生活。這樣的感情是可以理解的。

對一般人來說，我們每個人都在親密關係裡尋找童年時期的遺憾。如果你可以給一個人他童年時沒有得到的那種愛：支持、包容、理解、關懷，那這個人是永遠不會離開你的。在我們能夠做到這些之前，我們需要有一定的智慧，經由讀書、靈修、內省、定靜之後得到的人生智慧，才能夠解讀對方，了解他的需求。此外，如果你是一個不斷修煉自己，向內反思的人，你也在逐漸擴大自己的內在空間，有更多的餘地去包容對方，給對方他需要的靈魂滋養。

在你的功能性逐漸消退之時——孩子生完了、事業奮鬥成功了、家庭根基穩固了、不再年輕貌美了——如果你能繼續給對方靈魂上、心理上的滋養：相知、相惜、關愛、照顧，而自己又是一個很會生活、很有情趣的人，那麼你的功能性在這個關係裡面就能繼續維持，而且地位穩固不搖！

只要不遺失自己，我們就能擁有一切

一次演講時，有一位聽眾提問說：「我跟老公的關係特別不好，他總是除了吃飯就是睡覺，而且把所有不好的事都推到我身上，所有的好事就說是他做的。他喜歡推卸責任，對孩子也沒有盡到父親的責任。現在感覺他好像一無是處，跟他相處特別困難。」

我的回答是：對靈性修行者來說，和老闆、父母、朋友或者所有親人之間的關係，我們都需要修煉，但最難修的就是親密關係，因為我們每天都得看到對方，關係最為密切。

在親密關係中，配偶其實扮演兩個角色：一個角色就是你的鏡子，所有的外在事物都是你內在投射出來的結果，所以對方的種種行為可能映照出了你內在的一些特質，但卻是放大了數百倍好讓你看清楚。比如說你覺得他每天不是睡覺就是做一些好像很沒有意義的事情。反觀你自己，你可能是一個非常積極、上進的人。你希望自己做了事情之後，能夠獲得別人的讚賞和肯定。在這個例子裡，妳的老公是來映照妳的陰暗面，妳一直排斥的自己懶散、無目標的那一面。

另一個角色是，他是來教你學會一些功課的，你應該把更多焦點放在自己身上。因為我們跟另一半結合了之後，我們的心靈就跟這個人結合在一起了，吃飯、睡覺、生活，甚至連呼吸都在一起了，心靈學上將這種關係叫作「牽纏」。

對我們，尤其是對追求心靈成長的朋友來講，牽纏並不是件好事。所以，靈性成長的第一步，就是要把焦點放回到自己身上。妳的老公要做他的事情，那是他的事。他要搶功勞、不管小孩，那也是他的事。妳把自己的角色扮好，每天該做什麼就做什麼，這樣就足夠了。

問題是，我們很多人都喜歡把這兩個字放在我們最親密的人身上——「應該」，而這兩個字就是通往地獄的捷徑。既然你是我的老公，你就應該怎麼樣；既然你是我孩子的父親，你就應該怎麼樣。但如果妳是一個不想為自己的生活以及快樂的品質找麻煩的人，那妳該做的其實就是接納事實。可我們通常沒有辦法接納事實。為什麼？因為事實是令人痛苦的。要我們接納一個「整天好吃懶做的老公」，這種感受是很痛苦的。多數人都不想跟痛苦的感受在一起，只好努力地去改變老公，甚至想「開除」他。

其實，心靈成長要做的就是，妳要學習跟這些感受待在一起，把「應該」這兩個字收回來。當妳覺得老公不應該這麼懶惰，或者應該要關心小孩的時候，其實妳就在跟事實抗衡，妳就在給自己找麻煩，妳等於是把自己帶到了地獄的邊緣。但是如果妳當下能夠停止，能夠把「應該」收回來，妳就離快樂、幸福又近了一步。

很多人問我，他們的婚姻出現了嚴重問題，是否應該考慮離婚？我會建議他們不如給自己的先生、自己還有孩子一年的時間。在這一年裡，用前面我提到的方式去跟先生相處。一年過後，如果妳發現自己還是不能和對方和諧共處，妳已經盡力放下自己的期待了，卻感受不到對方的愛和誠意，那個時候再考慮離婚不遲。但第一步我們要先去回觀自己，看自己到底能不能放下這些「應該」。因為如果妳不收回這些「應該」、不去處理它們，即使妳跟這個老公離婚了，妳還是會把這些「應該」安在下一個對象身上，又造成相同的問題了。

當你理解了這個道理之後，試著把它深深地刻印在心裡。每次當你發現，你又看到自己把「應該」放到對方身上的時候，如果你當下能夠停止，當下能夠收回，你就停在那裡，把它收回來。在生活當中不斷地練習，放下你的期望，看看你的生活和關係會發生什麼樣的改變。因為真正的婚姻生活是非常磨人的，久而久之，你會覺得孩子大了，我就不跟這個人過了，跟他過還不如一個人過。所以，如果不去這樣經營的話，很可能就走不下去了。

其實人生中最痛苦的事，就是我們不斷地要求外在的人、事、物改變，卻不會跟自己內在那份不舒服的感受和平相處，因為外在的人、事、物總會讓我們不舒服，而且絕大多數都是我們控制不了的。如果我們不能試著跟內在的不舒服相處的話，我們會不斷地想去改變外在的人、事、物，那這樣你就沒有辦法找回自己內在的力量，甚至還會失去自己的內在力量。我們以為控制了外面的人、事、物，自己就有力量了。其實恰恰相反，真正的內在力量，就是你擁有力量去把各種「應該」「不應該」的要求全部收回來，然後跟內在不舒服的感受和平共處。這是改善婚姻狀況的最佳「良藥」。

如何不被外遇？

年過半百，那天閒來無事，檢視了一下自己從上大學開始的情史，雖然談過的朋友不是很多，但是算了一下，自己竟然沒有被伴侶的外遇傷害過。也就是說，我的諸位男友之中，沒有人有過外遇。這引起我的好奇，我倒不會狂妄地認為，自己因為條件好就沒被外遇，君不見很多美麗的電影明星照樣受到外遇的傷害，所以一定不是條件的原因。我想，這是戀愛性格造成的。

因此，我探討了一下自己的戀愛性格，看看能否有什麼秘訣可以跟大家分享。首先，我必須指出，我每次談戀愛的時候，都是非常敞開和投入的。這一點非常重要，我不會談那種隱晦式的愛情，什麼愛你在心口難開，我對自己的感受非常誠實，喜歡就喜歡，不喜歡就不喜歡，不會故弄玄虛、欲擒故縱、耍心機、玩心眼。

這樣的性格會讓對方也坦誠相見，願意以真心對待你。以真心為基礎的愛情，就不會有太多的欺騙、隱瞞，自然就不會走向外遇的結局。此外，我的戀愛關係都是很火熱、親密的。因為我的個性開放、天真，所以會毫無心機地投注我全部的關懷和愛給對方，因此我的親密關係都是很緊密、親近的。兩個人的生活、互動都緊密相連，除非吵架、冷戰，否則沒有太多的空間製造外遇機會。

然而親密關係都是會沉澱、冷淡下來的，也許因為兩個人不合適，也許是日久生膩了，但我永遠都是那個先受不了而離開的人。我無法接受兩個人的關係變得平淡、疏遠、冷漠，不像以前那樣卿卿我我、甜甜蜜蜜了，一開始我會試著努力去挽回，可是如果對方自以為是，或是不想修復關係、不承認這樣的關係有什麼不好，那我通常是先發制人宣告分手的那一方。

在有外遇之前，兩個人的關係一定是狀況不好的。不可能在真心相愛、親密無間的情況下，晴天霹靂地發現對方有外遇。如果有這樣的控訴的話，我必須說，你是太不了解情況，也太不了解對方了。或許也可以這麼說，你因為太恐懼於失去對方，或是太害怕（或是無能為力）去改變你們目前的狀況，所以寧願用各種謊言欺騙自己，睜隻眼、閉隻眼地告訴自己，這樣沒有什麼不好，你們還是很好的伴侶，他不會離開你的。

不止一個我的男友叫我「張大膽」，因為我就是一個敢愛敢恨的女子，不會為了安穩、平靜而委曲求全。戀愛一開始的坦誠相見需要勇氣，願意暴露自己的一切，只希望心安理得地做自己，而不是靠偽裝、隱瞞來贏得對方的心。戀愛的時候，我們需要有勇氣去看到兩個人的矛盾衝突背後的真正原因，並願意去修復、改善兩個人的關係。戀愛的尾聲需要有勇氣承認兩個人其實並不合適，願意好聚好散，各奔前程。

這些都需要勇氣，而通常，女人是比較有勇氣的。有位靈性老師說：「親密關係或是一個家庭當中，女人的能量比男人大十倍，所以關係都是由女性主導的。」這也說明了為什麼俗話說：每個成功的男人背後一定有一個偉大的女人。所以，女人的心理素質太重要了，不但決定了自己一生的幸福，還主宰著一個家庭的幸福。

回首我的第一次婚姻，我當時的丈夫並不是很坦誠地對待我。我費盡了心思，千辛萬苦地只是想要進入他的內在世界去了解他。但是當時的我年少輕狂，無明又無知，讓他反而盡其所能地防範我，不讓我靠近。我當時非常愛他，所以吃了不少苦。最後，我終於承認失敗，愛不下去了。我離開了人人羨慕的電視主播工作，到美國去留學。

剛到美國沒有多久，朋友介紹了一個條件很好的男人給我。我並不太喜歡這個男人，但是因為他追求我挺熱絡的（後來才知道他是和朋友打賭多久可以追到我），我勉強自己和他交往，但愈來愈不舒服，於是我提出分手。他很緊張，不肯放手，其實我當時就知道他並不是愛我而捨不得，只是覺得被女人甩掉沒有面子，所以不肯分手。我心軟了，繼續和他交往，但是在一次和眾多朋友一起去滑雪的旅行中，他當著我的面就和另一個非常仰慕他的女人要好了。我不驚訝，但還是有點因為失去面子而傷心。這兩個教訓以後，我選男人就比較注意了，不像以前那樣由著性子看到喜歡的就交往。果然，當我帶著覺知去選擇男人的時候，受到的傷害就小多了。

所以，我認為要保護自己不受外遇侵害的方法，第一是慎選對象。要搞清楚他過去的情史。通常有外遇記錄的人也會容易再有外遇。但是，我看過（也收服過，呵呵）一些男人，本來很花心，但交往到合適的對象之後，就真的收心認命了。所以，你先要看看自己是否「罩得住」對方，不要一味地貪求對方條件好。

第二，就是交往的時候要真心、交心、全心全意，毫無保留地敞開自己，讓你們的關係是坦誠的、開放的、真心的。

第三，如果兩個人的關係愈來愈僵了，盡一切努力去修復，千萬不要粉飾太平，假裝看不見問題。如果真的無法維持一個親密的、坦白的、融洽的關係，就及早放手。不要等對方心猿意馬，在外面有了對象再被你發現，那時候受的傷害就大了。

說實在的，在親密關係中，如果你讓對方在身、心、靈三個層面上都受到滋養，雙方又有共同的愛好、共同的朋友（當然如果是多年夫妻或是有小孩，就是有一些功利性的話，那就更好了），那麼你想要對方有外遇都很難。

「怨憎會」就是你的放大鏡

如果你愛的人經常習慣性地對你撒謊，而你還想要幸福、快樂的話，有兩個選擇：一是離開，一是心甘情願地接受。那種習慣性說謊的人我也碰到過，真的是大事小事、無關緊要的事，他都要說謊。原因無他，就是一種本能的自我保護。可能是他小時候生長的環境讓他學會了要說謊以自保，而長大以後，他任憑自己潛意識的機械性操控，隨口說謊。這種說謊說到一定地步，信口雌黃連自己都相信，所以他自己都不知道或不覺得自己在說謊。

除非他走向心靈成長的道路，願意向內看，願意改變自己的慣性，否則，沒有藥救。而他周圍的人呢？除了我說的兩種選擇，其實，還有一種選擇的可能性，只是這種選擇比前兩個更為困難。那就是：反求諸己，反躬自省。

你在生活中碰到的「怨憎會」，其實都是你的放大鏡。你所討厭的人或是某人有你所討厭的特質，都是你的放大鏡——把你自己也有的，但是不被你承認或接受的東西，放大數百倍，然後拿給你看，誰受得了啊！所以，我們當然可以振振有詞地批評別人，但是別忘了，他的特質、習慣、態度、做事方式，如果惹毛了你的話，很抱歉，你身上一定有和這些一樣的特質在呼應著。

是的，也許你是比他好一點，不像他那麼過分。這個藉口可以拿來自我安慰。你可以儘量攻擊對方，但是很抱歉，如果你走上了心靈成長或是內觀的道路，「親愛的，外面沒有別人」，這些都是你自己身上有的特質。你如果能夠改變，那麼會有三種情形發生：第一就是，他改了；第二，他會從你的生活中逐漸消失；第三，他身上你所不喜歡的特質再也不困擾你了。這是最究極的根本解決之道，可惜很少人能夠做到（當然包括我啦）。

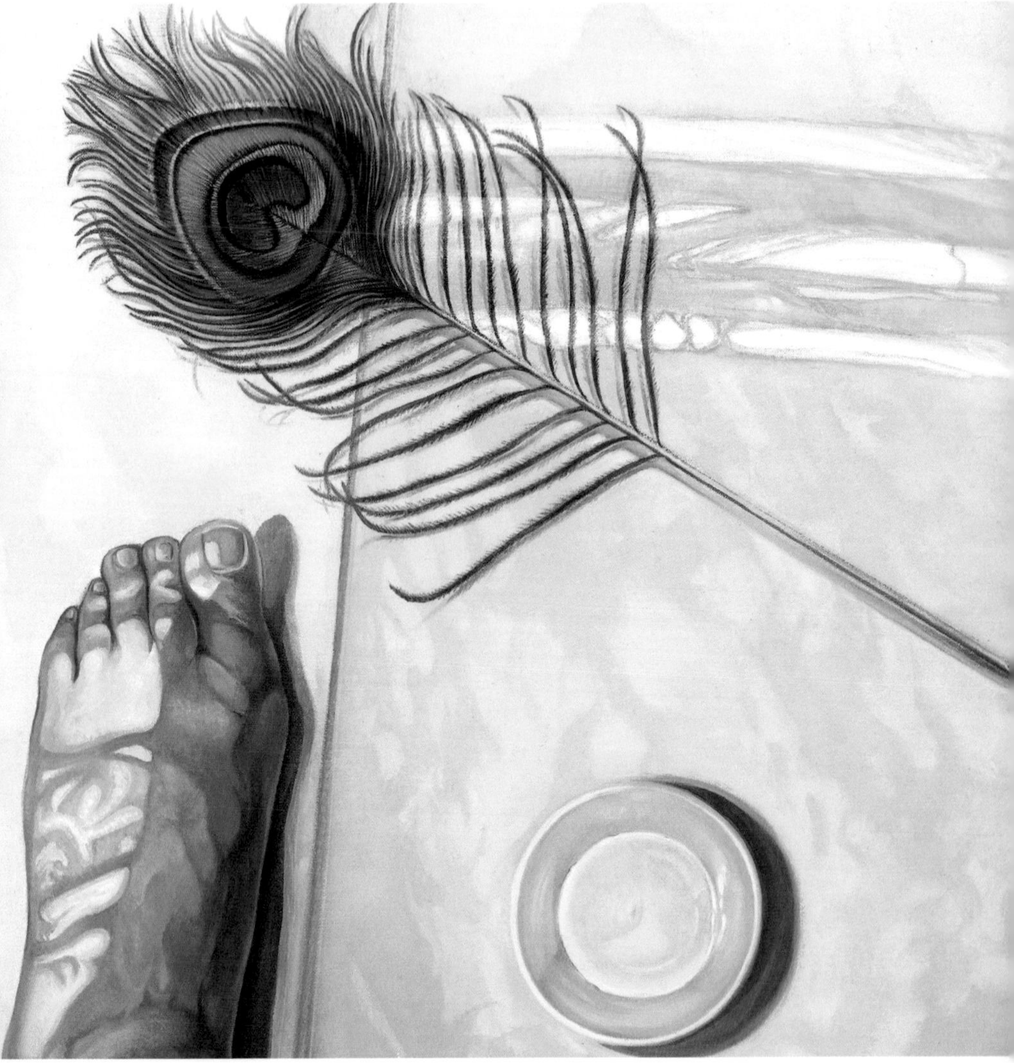

讓愛重新在關係裡溫柔流動

在一次工作坊中，老師指導我們做兩人的對話，一方A把另外一方B當成自己生命中的一個重要人物C（不在場）。A和C之間有一些心結、誤會、矛盾，但一直不知道如何開口溝通。但因為C對A來說非常重要，所以A會想要把這些矛盾釐清了，好讓愛和信任重新在他們之間流動。

很奇特的一點就是，當A對著B述說他的感受和他想說的話時，B很自然而然地會契入到C的感覺當中（也就是B扮演的角色）。所以當A問B：聽到我這樣說，你有什麼要回應的呢？通常B會說出一些不可思議巧合的話，不但有意義，而且非常切合A和C兩人之間的狀況。

附體？上身？角色扮演？剛開始的時候我也覺得納悶，哪能這麼準啊?!後來轉念一想就不足為奇了。因為，當A把B當成C的時候，他投射在B身上的能量是很明顯的，而當B全神貫注，一語不發地專心聆聽A的時候，他會像一面鏡子一樣地反射這些能量回去，非常神奇。

和我同組的女孩就說到她和丈夫之間的關係。她一開始說：「我很愛你，很關心你，所以我想跟你溝通下面的事情。」然後她開始述說她知道自己負面情緒很多，常常會不高興、生氣，可是一到這個時候，她的丈夫不但不能安慰她，反而還會攻擊她。她覺得兩個人之間漸行漸遠，沒有當初結婚時那麼甜蜜了。

在聆聽的過程當中，我能感受到這個丈夫的無奈。他的母親也是一個負面情緒很多的女人，從小他在她身邊就看盡了她各種不高興的臉色，但無能為力去幫助媽媽。對一個小男孩來說，這是非常令人沮喪的事，因為他會覺得是自己不夠好，幫不了媽媽，媽媽才會一直不高興。所以，當他的妻子用同樣的臉色對待他的時候，他的反應肯定是退縮、凍結，而且自我感覺非常不良好。小時候那種無助、無能為力、幫不了媽媽的挫折感一股腦地湧上來，在這種情況下，他有什麼能力去照顧自己妻子的情緒呢？

在親密關係當中，這種情況很常見。一方因為不開心，進入了一種受傷的內在小孩的狀態，那個當下，他是完全的自私和以自我為中心，不會為其他人著想的。他只想要有人安慰、接納他。而另一方的內在小孩也被觸動了（就像上面的情形），所以，雙方都退化成了受傷的小孩，有什麼理性可言？小孩對小孩的戰爭，肯定是以兩敗俱傷收場。

我當時也突然湧上一種感覺，與我同組的女孩對我表達愛意的時候，一開始其實一點也不動人。因為她的話語後面（我很愛你）沒有絲毫愛的能量。所以我對她說：「我希望妳表達愛意的時候，能像妳表達負面情緒那麼精準就好了。」真的是很諷刺。我們在表達愛意的時候為什麼那麼困難，表達憤怒和其他負面情緒卻那麼容易？

我問我自己是否也如此，還好答案是否定的。我和我的情人與小孩之間，嘴上是不離「愛」這個字的，每次說話，我們都會用「我愛你」作為結尾語。而且我們之間的肢體動作非常多、非常親密。我想這要感謝我的父親，他從小視我為掌上明珠，到現在，我已經年過半百，他老人家已經八十歲啦，看到我還是要親要抱，嘴上不離「愛」字。

從小在這樣充分表達愛的環境中長大，我想這對我的熱情是有非常大影響的。我對自己愛的人從不吝惜表達自己的愛。但是，要是一個孩子在很嚴格、沒有溫情、不可以表達情緒的環境中長大的話，他會是如何？他可能就像跟我同組的女孩一樣，失去了表達愛的能力，因為小時候當她表達愛的時候，可能被視為需索太多而受到斥責，或是她根本沒有表達愛的機會。而在受挫之餘，她知道表達愛沒啥好處，甚至會有被羞辱的感覺，因此逐漸封閉了自己的心。現在她有了覺知，是否能變成一個比較熱情、會表達愛的人呢？這可能要看她的個性和她後天的努力了。

最後，我看到了她臉上孩子般的微笑，我又忍不住對她說（以她丈夫的身分）：「妳知道嗎？妳臉上有孩子般的笑容，我好喜歡。妳平常可以多笑一點給我看嗎？」她驚訝地看著我，說：「是的，我丈夫就非常喜歡我孩子般的笑容。」

整個過程結束，我看到她獲益良多。這麼簡單的一個練習卻暴露了一對老夫老妻的陳年舊帳，而且讓妻子可以看到重修舊好的曙光。吵架需要兩個人，但是和好只需要一個人。如果她能改變，我相信她的先生也會改變，當初促使他們相愛的那股能量又會重新流動起來。

說到聆聽的藝術，忽然想起我最近讀到的一首詩，寫下來與所有走在靈性道路上的朋友共勉。

我想做的，只是，深深地聆聽，
聆聽生命的哀愁與美麗……
然後，在感動裡面找到寶藏……
當我面對你時，
是，在一種放鬆、安靜、準備好的狀態下，
溫柔又精準地「接收」你發出的信息，

像一條柔軟的羊毛毯子，
可以安穩地包裹著，你的傷與痛，
並，帶著虔誠的祝福、尊敬，
與你同「在」……這，就夠了。[13]

13. 這首詩叫〈深深地聆聽〉（Deep Listening），摘自華德福教師的祈禱文。

透過被遺棄，你能看到什麼？

我一直以為自己親密關係的功課修得不錯，直到碰到現在的情人D。好像以前的男友、情人只是來陪我玩的，或是陪我走過一段時光，等待最終的「上師情人」出現。現在的情人教會了我太多的功課，所以我覺得他是我的上師，雖然他的教授方法是無心且常常讓我很痛苦，但是在兩人的互動、相處中，我的確看到了自己需要學習的功課。

其中，最大的功課就是很深沉、痛苦的遺棄感，我一直不知道自己對這個議題有這麼大的恐懼和影響。我父母從小很愛我，但他們的某些行為還是讓我承受了很多傷害，造成我的被遺棄感。比如說我三歲的時候，父親因為一件小事把我丟到樓道中說不要我了，這個巨大的驚嚇一直沒有被我看見、感受。直到和D在一起，每次我們有爭執的時候，他就變得沉默冷酷，躲在自己的洞穴裡面不出來。我的反應非常激烈，完全無法接受，覺得他遺棄了我。後來我才發現，原來我的過度反應和小時候的那次經歷有關，讓我對這種狀況格外地敏感、無抵抗力。

好玩的是，以前的伴侶沒有讓我激起這方面的反應，他們大部分時候都對我很好，情緒穩定，雙方吵架、冷戰的時候，我不覺得他們封鎖了能量場不讓我靠近。D其實也對我非常好，很忠誠、值得信賴，但是冷戰的時候他整個人就凍成了冰塊，完全無法靠近。以前我還沒有足夠的覺知去了解什麼是「被遺棄」的感覺，現在時候到了，是我該面對它的時候了，所以D就為我帶來了這個重要的人生功課。

同時我也了解到，在和D的關係中，我投入如此之多，他成了我的一個避風港，所以我可以不去面對生命中的一些痛處：孤獨感、沮喪感，他成了我人生的「奶嘴」，用來撫慰、逃避我的挫折感。因此，每當我們有爭執，而他切斷了我們之間的連結時，我會格外地驚慌，感覺要窒息了一般，完全沒有理由地退化到一個五歲孩子的狀態。

我自己也納悶，寫了那麼多本書，可以說出那麼高深的道理，對別人的問題常常可以一針見血地開立藥方的我，為什麼碰到關於自己情人的問題時，我就完全失去了平時的從容淡定、智慧優雅、成熟幹練？原因其實很簡單，每次碰到自己深沉的心靈傷口時，我們就立刻退化成一個無行為能力的孩子，完全的自私、不講理，只希望對方能給我們一個「奶嘴」——一個擁抱，一個眼神、微笑或是一句溫暖安慰的話語，什麼都行，只要別讓我在這裡耍賴哭鬧沒有人理。

但是很抱歉，在這種情況下，我們的伴侶通常是自顧不暇的，因為他勾起了我們的傷口，我們過度、偏激的反應也讓他進入到自己的傷口之中，變成一個無行為能力的五歲孩子，所以他立刻展現他的「自動防禦機制」——躲到洞穴裡，對外面發生的事情不聞不問。

我的自動防禦機制是攻擊，而有些人是粉飾太平、假裝什麼都沒發生，有些人則是逃避、躲藏。只要我們進入孩童的退化狀態，每個人的自動防禦機制就會被啟動。這時候該怎麼辦呢？

和情人經過多次激烈的鬥爭以後，我自己都厭倦了這種不成熟的處理紛爭的方式。我終於學會了在兩人發生爭執後（也許我還是說了不該說的氣話），試著回到自己的中心，看到自己那個無助、脆弱的內在小孩正在耍賴瞎鬧。其實你的反應跟對方是無關的，他的言行只不過勾起了你舊時的一個傷口，你不需要他為你過去幾十年累積下來的痛苦埋單。在這一點上，自我負責是非常重要的：為自己的情緒負責，而不是投射到對方身上，要他負責。

每當這個時候，我會做一些讓自己冷靜下來的事情，聽音樂、出去散步、和小狗玩一玩、泡個澡——任何能讓你回到自己中心，和自己內在那個母性的本質相連的事情都可以。找到自己內在那個「母親」，她才有能力安撫你，處理你當下的情緒。很重要的一點就是，在「內在母親」的陪伴下，老老實實地去感受那份傷痛，它通常會在我們身體的某個部位展現出來，我們是否能夠不逃避，而是乖乖地任由那份痛啃噬著我們，看看它到底能把我們怎麼樣？

下次再有這種情形的時候，你可以試著想像一個脆弱的、無助的小孩正在你眼前耍賴哭鬧，把他摟在懷裡（你可以去抱一個坐墊或枕頭），好好地撫慰他。當我們學會了為自己的情緒負責，自我安撫負面情緒時，我們的親密關係，甚至和所有人的關係都會有戲劇性的變化！

親密關係中的恐懼

在瑞典參加克里希那南達（Krishnananda Trobe）和阿曼娜（Amana Trobe）老師的「真愛的旅程」課程[14]時，他們提到了親密關係中的四種恐懼。

首先，就是被傷害的恐懼：被利用、被侵犯、不被尊重。其實，這些都是我們小時候的舊傷，伴侶只是負責把我們這些傷痛挑動起來而已。我個人真的覺得，我們是否能得到尊重完全取決於我們如何看待自己、如何與對方互動。而在親密關係中，我們一定要先尊重自己，才有可能獲得對方的尊重。那當舊傷被挑動的時候，我們應該如何面對呢？

我在前面說了很多，包括：照顧自己的內在小孩、非暴力溝通、打開自己的心、願意顯示自己的脆弱等。關於這些方面的課題，可以參考《擁抱你的內在小孩》[15]《愛的語言：非暴力溝通》以及《親密關係：通往靈魂之橋》[16]等書。同時，我們要勇敢地為自己的情緒負責，知道這些傷痛被挑起，是為了讓我們學會生命中該學會的種種功課。也許你可以暫時逃避，也許你可以再換一個情人，但是最終，如果你想要獲得真正的快樂、自由，那麼面對自己的人生課題是唯一的道路。

第二種親密關係中的恐懼就是害怕被拋棄、被忽視：對方無法了解你的感受，對你的敞開視若無睹，不陪伴你，甚至離開了你。我自己的經驗是，如果你很怕被伴侶拋棄，你真的需要在一開始的時候就要慎重選擇對象。不要找心性不穩定，或是條件過好的人。當然，任何花心的人都有收心的時候，可能你需要誠實地捫心自問：「我罩得住他嗎？」同時，關係當中最怕一成不變，如果你是一個頑固不化、閉門造車的人，不吸收新知識，不讓自己成長變化，那麼彼此厭倦的概率就比較高。

另外還有一種男人最容易被女人拋棄，那就是冥頑不靈的人。女方跟他一再要求、溝通，請他做出一些改變，這些改變也許是很小的生活習慣，也許是對待女方的方式，其實都沒什麼大不了的，只要有意願，都是可以改變的。但他們自以為是既得利益者，又有婚約又有小孩，以為女方不會離開。抱歉，這個世界每天都在變化。我們就是必須要成長、要成熟、要變得愈來愈討人喜歡，不能在婚姻這個安全的大網當中自以為是地窩著，以為它綁死了兩個人，永遠不會分離。這種想法太

14. 參考同名書《真愛的旅程》，佛化人生出版。
15. 《擁抱你的內在小孩》，克里希那南達及阿曼娜著，佛化人生出版。
16. 《親密關係：通往靈魂之橋》，克里斯多福・孟著，新自然主義出版。

一廂情願了。所以在婚姻當中，讓對方抱持適當的危機感是有必要的。

同樣的，女人如果不能日新月異地改變自己，讓對方看得目不暇接，對方也有可能厭倦而開始有二心。因對方有外遇而被拋棄的一方，永遠都不會是純粹的受害者。他要負起相當的責任。如果一份愛情非常滋養我們的身、心、靈，我們怎麼可能會有二心？而一份感情是否能讓雙方都獲得滋養，絕對是兩方都要負起責任的。

第三種親密關係中的恐懼就是害怕被淹沒、找不到自己、失去自己。對於這種恐懼，我們要知道，永遠不能因為遷就對方，而失去自己的原來面貌。一個真正快樂的人是真正能夠做自己的人。如果要戴上面具過日子，對我們來說太痛苦了。

從另一個角度來說，在親密關係當中，為對方保留空間和時間是必須的。雖然對方的嗜好、興趣與你相投非常重要，但是兩方都應該有自己的私密空間，自己的朋友圈、喜好。這樣，我們才可能在親密關係的空間裡為對方製造驚喜，創造變化。

第四種親密關係中的恐懼就是害怕沉悶、無味。很多老夫老妻最後都會走上這條不歸路。其實，保持婚姻新鮮最大的秘訣就是兩個人都要如實地做自己，而不是扮演對方想要的自己，或是隱藏自己。如果在關係中能夠真誠地表達自己的需求、想法，那麼兩個人的關係其實會愈來愈密切，而且愈來愈能夠做回自己、找到自己。最美的親密關係就是彼此幫助，把對方最好、最美的一面給培養出來，讓他能夠在自己的生活中、工作上發揮最佳的潛能，充分地表達自己，做自己喜歡的事。

所以，在親密關係中還有一個很重要的原則：永遠不要因為責任或是為了取悅對方而做自己不喜歡或不願意做的事。否則你就會逐漸失去自己、失去興趣，最後失去生命力，婚姻就會進入「死灰」階段了。

面對自己的情緒是良好溝通的開始

美國靈性老師阿迪亞香提（Adyashanti）[17]有一次說道，童年時他很頑皮，有一天他又犯錯了，等著父親回來懲罰他。他父親回到家中，聽了母親的報告，照例地把他抓過來，打了幾下。之後，他一個人在房間裡守著屋裡的孤寂和他自己那顆小小的、受傷的心。

可是沒有多久，他的父親走進來，坐下，然後把頭埋進他的手裡，後悔地說：「天哪！我真痛恨這種感覺。從現在開始，我再也不會這麼做了。」阿迪亞香提說，當時他非常感動，因為一個成年人如他高高在上的父親，竟然會願意面對自己的情緒，而且願意跟兒子坦承自己的脆弱，進而誠懇地道歉。從那次以後，他們的父子關係就非常良好。

我覺得這也是夫妻之間應該有的溝通和相處模式。

我的前夫就非常不願意去面對自己的情緒，即使他做了很不應該的事（像失控而暴力相向），在道歉的時候，他就是悶著頭給一聲「I'm sorry!」對於他的行為，他從來沒有一個交代。對於我們有過的爭執，他也從來不做檢討。

最氣人的是，他還會說：「我很抱歉讓妳生氣了！」對靈修的人來說，這真是一種侮辱！因為我們都知道，除了你自己，沒有人可以讓你生氣的。他這麼說等於把責任又推到了我身上。

對備受傷害的我來說，這一句簡單的「I'm sorry!」是不能解決問題的。但是，他都已經道歉了，妳還想要怎麼樣？我也不知道，但是我的內在可能會有一些積怨吧。而且，對我來說，針對雙方有過的情緒化的爭執進行一番理性的探索，是非常健康而且有益處的。可惜我的前夫從來沒有勇氣去面對自己的脆弱，願意一起探討正確的相處之道。而作為女人的我，當時沒有足夠的智慧和意願（可能因為不夠愛他吧）去引領他，讓他願意敞開心和我交流、探討，這也是我自己的過失。

直到和現在的情人相處，我才知道什麼樣的溝通（好吧，精確地說是「道歉」）模式是我想要的。現在的情人如果說話或做事傷了我，他會自己沉澱一下，然後誠懇地道歉。所謂誠懇地道歉，不是一句真心的「對不起」就算了。他會分析、檢討自己的心態或是行為，甚至追溯到小時候的一些事件，說明他那慣常性的

17. 阿迪亞香提著有《空性之舞》（Emptiness dancing）《真正的修行：發現純粹覺知的自由》（True Meditation）《覺醒之後》（The End of Your World）等書，以上皆由中國大陸華夏出版社出版，繁體中文版尚未出版。一九九六年，經歷了一系列靈性覺醒的蛻變，在跟隨禪修老師學習了十四年之久後，阿迪亞香提開始了他的教學生涯，他常常被人們拿來與中國早期的禪宗大師以及教授「不二論」的印度禪宗大師阿德韋德吠陀相提並論，被稱為「後禪宗大師」。

反應行為方式不是針對我而起的，或者其實是我觸動到了他的什麼傷痛，所以他才會做出那種行為或是說出那種話。

這樣的道歉方式讓我極其舒服，而且立刻就會心軟。同時，讓我們雙方的理解更深入，甚至達到靈魂的層次。原來，這才是我想要的溝通模式，可惜當初我沒有這樣的智慧引導前夫去面對他自己內在不舒服的感覺，進而願意誠實、敞開地和我溝通交流，好讓雙方能從衝突當中看到自己的一些慣性反應，把它帶到覺知的層面，進而能夠轉化它。

反過來講，我當時可能也沒有留空間給他，同時沒有給他足夠的安全感，讓他願意誠實地反省、表達自己。所以，當你想要你愛的人跟你誠實地表達他自己的時候，你可能要營造一個你不會批判他的安全空間，鼓勵他探索自己內在的感受。

以我自己的經驗而言，一旦被傷害的時候，我的內在小女孩就出來了，在那裡嬌嗔生氣。如果，我能先去撫平自己內在小女孩的委屈，讓她乖乖地在旁邊坐一會兒，我就會有足夠的空間去沉穩地和我的情人溝通，讓他覺得他可以完全地表達自己，然後被理解、被愛。因為當我的內在小女孩被安撫了之後，我散發的能量是成熟的、有智慧的、能包容的女人能量，而不是找麻煩的、生氣的、任性的小女孩能量了。

生命的功課，有時候需要付出巨大的代價才能學會啊！

掙脫鐐銬就能勇敢向前

某次演講中，一位朋友問了我這樣一個問題：「六年前，我跟前夫離婚後一直獨力撫養一個小男孩。現在我遇到了一段新的關係，但我感覺自己已經喪失了經營家庭的能力，我該怎樣去面對這段新的關係？」

一般情況下，我們遭遇了挫折以後，心就會縮緊起來，因為害怕再度打開後，又會遭受各種各樣的創傷。六年前，這位朋友跟前夫分居的時候，她還是被自動化模式控制運轉的「機器」。在完全沒有覺察的情況下，她跟前夫鬧得天翻地覆，很不愉快，這一定也傷害到了孩子，所以她會覺得很痛苦、很受傷害。

在這六年當中，我相信她一定上了很多課，讀了很多書，這些遭遇是老天給她的祝福，用來打破她以往的人生模式。被自動化程序模式控制的機器什麼時候才會停下來？它只有撞到牆才知道這個方向不對，應該換一個方向，這樣它才能重新按照完全不同的模式和程序來經營自己的人生。

這位朋友肯定也做過很多的自我修煉，只是再度面對新的關係時，她會恐懼、害怕，害怕自己會處理不好，會遭遇到過去那樣的傷害。這時候，她最需要的就是勇氣。這裡所說的勇氣並不是一點都不害怕，而是雖然心裡有恐懼、害怕被傷害，但還是願意一步一步地踏入到新的親密關係中，一層一層地把自己剝開，敞開自己的心。

如果再次受到傷害，你一定要相信，你現在擁有更多的資源、能力、空間和方法去跟被受傷害的感覺待在一起。而且老天每次給你的考驗，絕對都是在你能力可以承擔的範圍之內的。

在過去的幾年中，我也遭遇了很難的人生課題，有好幾次我都想用非常決絕的方式和手段來跟老天抗議——祢為什麼要這樣對待我？我覺得自己是一個受害者，可是當我從很痛苦的情境中走出來時，我才發現，原來我這麼有力量，原來我以前的觀念那麼狹隘，原來我是有能力接受這些考驗的。老天給我這些考驗，只是讓我發現，原來我的腳上銬了一條腳鐐。當考驗來的時候，我必須把腳鐐砍斷。這個過程會很痛苦，但是當我們脫離腳鐐的時候，就會覺得海闊天空，充滿能量。可是如果沒有考驗的話，我們會覺得，有腳鐐也沒事嘛，還能走。而我就是在嚴峻的考驗下，帶著恐懼、帶著覺知和覺察，掙脫了我的腳鐐，一步一步走向新的人生。

如果妳是很容易感情受傷害的那種人，我建議妳將感情進展的節奏放慢一點，一步一步慢慢地放，直到妳覺察到他真的是妳要的男人，而且能與妳共同成長之後，再開始投入感情。妳要的男人並不一定是沒有缺點的，但他可能需要具備妳想要的男人的一些基本特質。最重要的一點是，他願意跟妳一起成長、一起改變，那這段關係就會是非常美麗的。如果這個男人就是希望妳來遷就他，那他一定不能為妳帶來一段愉悅的感情關係。當然，妳也許可以藉由他給妳的功課而成長，但他自己可能很難改變。

最美的關係當然是兩個人一起成長。但讓對方成長的最佳方式，不是我們在那裡哭訴、抱怨，甚至謾罵說：「你這樣做，傷害到了我。」也不是要求對方「你要上課、你要改變、你要靈修」，而是將自己當成一面「鏡子」，讓他能夠看到自己的一些行為是怎樣傷害到妳，然後他自己願意去改變。

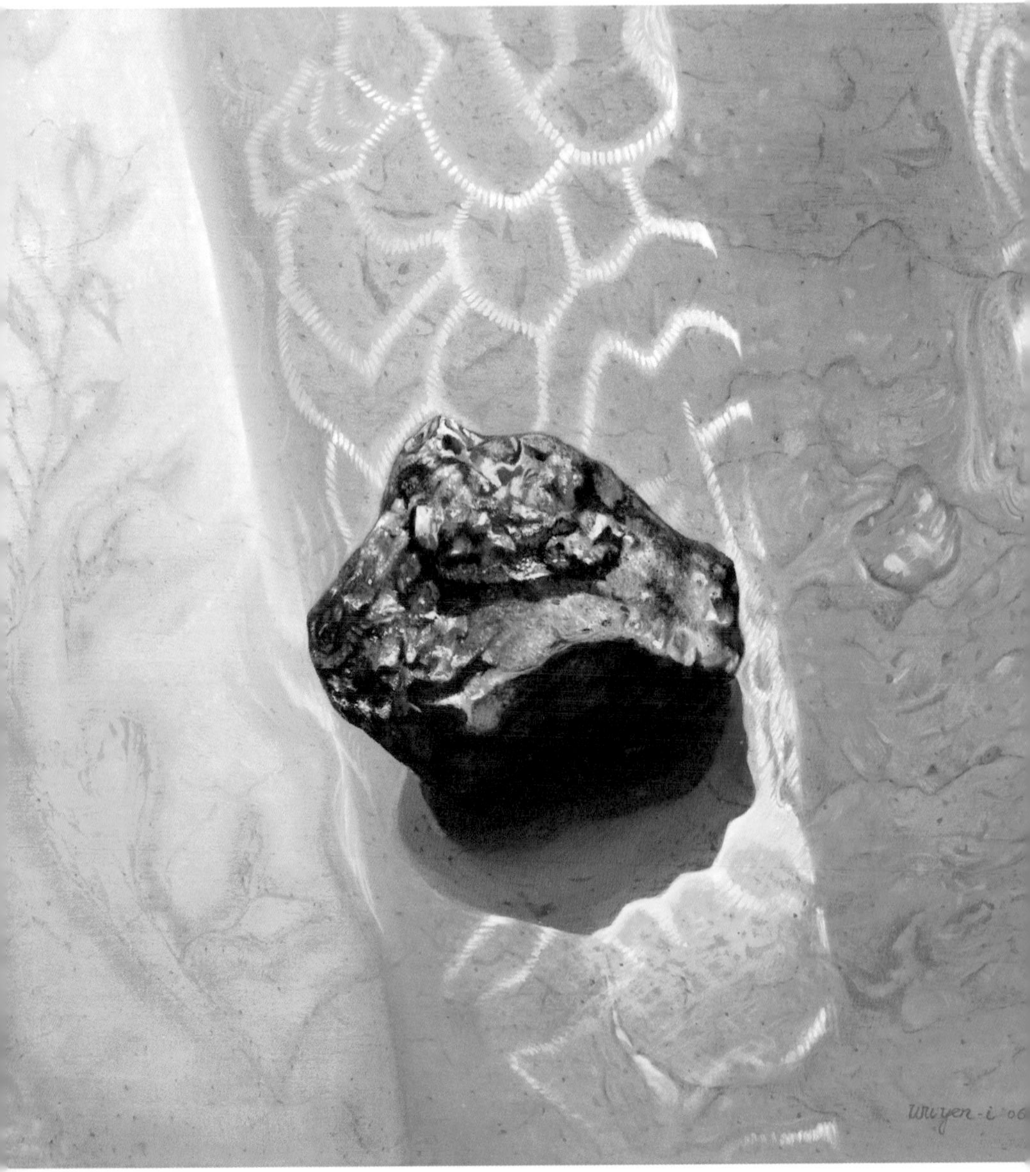

Wu yen-i 06

04

重建父母與孩子的世界

為人父母，你站對位置了嗎？

要改變的是家長，不是孩子

孩子發脾氣、耍賴是很多父母的煩惱。孩子小的時候，父母怕他們耍賴。青少年的時候，又怕他們發脾氣。唉，父母真的不好做。

我自己的經驗是，遇到這種情形，父母最不能做的就是兩件事：一是害怕、心虛。不知道怎麼應付而心虛，擔心孩子擾亂別人而害怕，或是擔心其他長輩來干預而心慌等，這時候，做父母的要歸於自己的中心，底氣要足。二是控制不住情緒，自己也生氣。很多父母看到孩子發脾氣、耍賴時，會情不自禁地發火、發怒。如果你也是這樣，那你就陷入了孩子設下的陷阱，更不好處理事情了。

那如何做才能不害怕、不發怒？這就關係到個人的涵養功夫了。說來話長，但歸納起來就是靈性修持的功夫要加強，自己的內在要更加篤定、定靜、有譜，這樣的家長就不會被孩子的情緒所左右。

在我孩子小的時候，我也常常用不適合的方式去處理他們的耍賴胡鬧。隨著自己靈修的進步，應對他們耍賴、胡鬧的方式也就得到了改善。有時候，我真的是非常「酷」地看著他們耍賴瞎鬧，不動氣也不動聲色，這時，孩子就會覺得沒意思了，常常見好就收。

我的孩子現在都是青少年了，我們之間幾乎沒有什麼衝突。但有一次，兒子放學回來情緒很不好，我跟他說幾句話，他就開始生氣，很情緒化地回答我。我當時非常冷靜地看著他，跟他說：「請你走開，我不想和以這種態度跟我說話的人交流。」我不帶怒氣、平靜地說了兩次後，他就離開了。過了一會兒，他就過來道歉，說剛才自己情緒不好，對不起。我當然欣然原諒他。

和孩子的交流不是一日建立起來的。平常我們要教導他們明辨是非，知道好歹。把孩子放在他們應該有的位置上，對長輩要尊重，對父母的付出要知道感恩，對自己該做的事情要有責任感。做家長的要花一些心思去教育孩子這些，而不是讓孩子覺得你活該欠他們的。

有一次，我一個朋友很緊張地問我：「我的女兒老吵著要休學，換了好幾個學校，她都討厭同學，說不要上學了，怎麼辦？」我看著她，淡然地說：「我不知道妳該怎麼辦。我只知道如果是我的孩子告訴我，他不想念書了，我會欣然同意，只是我們之間會有一個但書：『如果你每天在家無聊了，別找我抱怨，自己想辦法。給你上學是你的榮幸，你不去上學，我正好省下你的學費。你要上大學，我會供應你的學費。不上的話，對不起，我只養你到十八歲，你得自己想辦法過生活。』」

我的堅定和不受威脅是我們家小孩很熟悉的，他們不會「無條件地吃定我」（這都是父母慣出來的）。

所有寫信來求教我的父母，我只看出一個問題：他們自己需要成長。要改變的是他們自己，而不是孩子。只可惜大部分人都把焦點放在孩子身上，其實從他們寫信的字裡行間，我就能夠讀到無力、無奈的絕望感，這說明問題出在他們自己身上。

總的來說，無條件的愛和支持是給孩子最好的禮物，不是拿來操控他們，而是真心地為他們好，背後沒有隱藏的動機——我要你優秀，好讓我有面子，等等。我父母對我的管束甚嚴、期望過高，造成我非常多的痛苦，所以我對自己的孩子是採取相反的做法：只是原則性的管教，讓他們知道好歹，對他們沒有任何為了滿足我個人需求而設的期望。我不是說我的管教方式最好，但可以給那些過於討好孩子、在孩子面前尊嚴不夠，或是只會用打罵來教訓孩子的家長做個參考。

虎媽狼爸在向孩子要什麼？

媒體來家裡採訪，我們正好談到「虎媽狼爸」這個問題。有些父母用極為強勢的方法管教孩子，獲得了不錯的成果：孩子學習到了很多才藝，學業成績優異，甚至進了哈佛大學，等等。媒體問我對此的看法。

我說：「你們看過那種養鬥雞或是賽狗的人嗎？他們和豢養這些孩子的父母沒有兩樣。」是啊，養孩子變成了一種職業，要有投資回報。花費了大筆的金錢和時間，養出了一隻優秀的鬥雞或是賽犬，在競爭場上為主人贏得光榮。

這樣的父母是把孩子視為自己的財產，由著自己的性子養孩子，還採取高壓的方式管制孩子，扼殺了孩子的純然天賦。

談到這裡，我的兒子剛好放學回家來和我打招呼，跟我談了幾句後，在眾人面前毫不避諱地摟著我親了一下，還說「我愛妳」，然後就走了。

十幾歲的青少年，沒有一絲叛逆。媒體很驚訝地問我：「他一點都不叛逆嗎？」我說：「是啊，他需要叛什麼？我完全沒有壓制他、管束他、限制他，他跟誰叛逆？叛什麼逆呢？那些虎媽狼爸養大的孩子也是沒有叛逆的，但他們的不叛逆是不敢、被壓抑了，而不是不想。」

這些孩子將來如果有機會獲得自治權，叛逆起來可是不得了。只可惜他們很多人是到中年以後才開始叛逆，這個時候，他們的父母可能早就過世了，他們叛逆的對象可能就是他們的事業或是配偶。「受夠了吧！」他們在心裡這樣吶喊，「我要過自己的生活。」於是他們可能放下經營了很久的職業或事業，一百八十度地轉行，或是背棄自己的婚姻，完全不願意回頭。

極有藝術繪畫才華、自律甚嚴的希特勒也是在父親高壓的教養之下、人格被扭曲了的產物，不但自己一輩子得不到幸福快樂，還毀了上千萬人的幸福，貽害千古。

我深切地希望天下父母都能看到，自己是否依賴孩子為你去外面掙得面子和光榮，因而對孩子有非常高的期許，或是基於自己的不安全感而在孩子身上強加諸多的限制和要求。我期望所有的父母都能尊重孩子是一個獨立的個體和成熟的靈魂，他只需要你的指引，不需要你為他訂做一個人生。

錯位的母愛

有位家長寫信給我說：「我對孩子家教很嚴，要求他從小就必須遵守各項規矩。現在孩子上小學了，特別守規矩，但同時也膽小、缺乏創造力。」

這位家長很有自知之明，她知道自己嚴格的管教是孩子缺乏創造力的源頭。

像這類喜歡嚴格教養孩子的家長，在他們眼裡，孩子是一個可以隨意操弄的對象。孩子必須按照他們要求的方式生活、做事、呼吸，結果，他們又嫌孩子沒有創造力，想要操弄孩子，讓其變得有創造力。

這樣講，我希望家長們不要自責。因為顯然他們是非常愛孩子的，想要給孩子最好、最安全的生活方式，所以才會不顧一切地想要控制孩子。其實，這類家長的父母也許曾經就是這樣對待他們的，所以他們就將這樣的教育方式延伸到下一代。或許上一輩父母對他們不聞不問，漠不關心，讓他們覺得缺憾，所以要盡力去做好一個媽媽的角色。這些都是捆綁孩子手腳的繩索，同時也是設定孩子人生的電腦程式。這樣的家長要親眼目睹自己設定程式的錯誤和失敗，才會願意改進，放孩子自由。

出於恐懼感和對這個世界的不安全感，以及無知與盲目，我們想要控制我們生命中的一切，以為這樣就可以規避風險，保障安全。但是你仔細看看，好好想想，這是真的嗎？這樣真的就保障安全了嗎？你會發現，也許某個部分安全了，但是另外一個部分又出問題了。否則，每天就不會有那麼多的意外發生了。就像這位家長的孩子，我相信她的嚴加管教讓孩子產生了很多恐懼，因此造成了他的膽小和缺乏創造力。但是反過來說，也許這是孩子的天性，她無法接受，卻還想改變他。

誰說孩子一定要大膽，一定要有創造力？你是教育孩子的大師嗎？你說的、你想的就一定是正確的嗎？如果你能停止自己對孩子的控制，讓他自由地做他自己，也許你會驚喜地發現孩子其他的美好特質。否則這樣下去，你就是在殘害孩子。

也許你會說，孩子總有做得不對的時候，那總得教吧？當然。孩子絕對需要界限，否則他們會非常迷失，而且感覺不被愛。但是，重點在於家長管教孩子時的態度。如果孩子的行為和言語沒有觸動你自己內在的舊傷或是情結的話，你管教他的態度和品質是截然不同的。不是嗎？而在這個議題上，做家長的真的需要有高度的覺知和反觀覺照的能力。否則，請教再多的專家，讀再多的書都沒有用，你還是會傷害你的孩子，而且還渾然不覺。

wu yen-i
2010

不會愛，你的孩子一生匱乏

通常，強勢父母教導出來的小孩都比較沒有自信，因為父母把他們想說的話都說了，他們的人生之路，父母也已經設計好了。於是，有些孩子就變得沒有自信、沒有主張了。

天下的確有不是的父母，但是我們要相信，每一個人，在每一刻，都是按照自己能力範圍所及的限度做出最好、最大的努力了。有很多人是自顧不暇的，完全無力顧及他人，即使是自己的小孩。所以，如果我們能站在旁觀者的角度這樣看待自己的父母，我們就可以有這份了然。

因為父母的強勢，不少孩子都說不喜歡自己的父母。其實這是違反天性的，這並不是說你不對，而是說，你壓抑了對父母的愛。沒有一個小孩生下來會不愛自己的父母，愛父母是我們人類的天性。但孩子們生下來是不知道如何愛自己的，所以，藉由與他人的互動，他們學習了如何看待自己、對待自己和愛自己。

很多孩子在這方面有所欠缺，潛意識裡，他們其實是不知道如何愛自己的。而由於對父母失望，他們否認了自己對父母天生的愛慕和渴望，這樣的壓抑、否定若干年後，雖然他們早已不是那個渴望父母呵護的孩子了，而是變為一個成熟的成年人，但是，在他們的內心深處仍然有一個缺乏關愛的內在小孩，非常地不滿足、不快樂。

如果你覺察到了這個內在小孩的存在，可以試著安撫它——你可以做你自己想要的那種父母，關愛、接納、包容你的內在孩子。而面對你的父母，你要知道，他們怎麼對待你是他們的事，但你怎麼對待他們是你的事。孝敬父母是天經地義的，因為他們把你的生命帶到了這個世界上，光為這一點，你就應該感激他們。

我一直在說，孝順父母有很多種方式，其實最好的一種叫作「智慧奉養」，因為你的父母也有他們的功課要學習。你已經不是五歲小孩了，可是他們還把你當成他們的「東西」。對不起，父母也是要長進的，他們要學習怎樣尊重你。所以，如果你自己能夠站立起來，自立門戶的話，暫時不需要跟他們聯絡，因為他們需要成長，而你需要給他們成長的空間。也許，當他們感受到你已經長大成熟了，而且態度強硬沒得商量的時候，他們就能學好「尊重孩子」的這門功課。

追本溯源，如果你尊重自己的生命源頭（父母），就會為自己的生命帶來意想不到的豐富。試試看吧！

教孩子學會說「不」

在每個孩子成長的過程中，我們都會教導他們是非對錯，當然，這些都是基於我們自己的觀念。這並沒有什麼不對，孩子來到這個世界上，需要學會一些這個社會的遊戲規則。我們都會告訴孩子：要聽話，聽大人的就沒錯。一方面我們是真的愛孩子，想保護他們，教導他們好歹，免得將來吃虧；另一方面，我們也是為了自己的方便和尊嚴，不想承認孩子對我們有說「不」的權利。

這樣一來，我們不是教養出了沒主見，凡事都要問爸媽的懦弱孩子，就是養出了叛逆小孩：從青少年開始就對父母說的任何事情都抗拒，說「不」。這都不是我們做父母的想要的結果。

但是，一個沒有學會說「不」的孩子會碰到什麼情形呢？這種孩子從小就不斷受到父母的「侵犯」，沒有為自己劃定界限的能力。所以，很自然地，長大以後，他們在外面的世界裡也不懂得為自己劃定界限，不會說「不」，而不斷地遭受別人侵犯。

有一部電影《舞動人生》（Billy Elliot）讓我印象深刻。戲中一個貧窮礦工的兒子由於有跳舞的天分，他父親傾家蕩產，籌了錢讓他去參加倫敦皇家芭蕾舞學院的入學考試，全家都非常緊張，想知道他到底被錄取了沒有。有一天，這個孩子放學回家看到全家人，包括奶奶、爸爸、哥哥，都圍在飯桌旁邊緊張得不得了，桌上放著學院的來信，生死未卜，等著他拆開。對中國的小孩來說，這簡直是不可思議的尊重。

小時候，我的母親完全侵犯了我的界限，看我的日記，未經詢問就把我覺得非常珍貴的東西扔掉。我上大學了，她還阻止我談一個她不認可的朋友，打電話到對方家裡告訴對方，他們兒子配不上我。小時候的我，在母親面前是毫無尊嚴可言的。雖然長大以後，我的個性比較強、比較厲害，但是每次有人侵犯我的時候，我都會受到很大的驚嚇，然後用很不合宜的方式回應（通常是發脾氣、攻擊對方）。

是的，我不會維護自己的權益，只會忍氣吞聲或是激烈反抗。現在回想起來，我之所以會那麼暴烈地回應那些侵犯我的人，就是因為我壓抑了多年來我對母親的憤怒。只要碰到相同的不尊重情況，我就會暴怒，把幾十年來的這筆帳通通算在對方頭上。最糟糕的是，由於不知道如何適當地回應對方的行為，我們通常會否定對方「整個人」，而不是針對他的行為做出回應。這就說明了為什麼在親密關係裡待的時間久了，雙方積怨已深，到最後他們已經忘了其實自己只是不喜歡對方的一些行為，並不是完全否定這個人。等他們發現的時候，可能感覺已經沒了，緣盡情了。

那麼，在教導孩子的過程中，我們如何教會孩子健康、合適地表達「不」？我們要能夠允許孩子有說「不」的權利，第一步要做的就是尊重孩子，了解他是一個獨立的個體，只是經由我們來到這個世界，並不屬於我們。我們不能透過他來活出我們自己，完成我們未能完成的夢想，或是藉由他們來滿足自己的情感缺失。如果做到這一點，我們就能讓孩子合宜地表達「不」。

當然，孩子的「不」並不永遠是對的，大人還是要設立一定的界限，不是每次孩子說「不」，我們就得讓步。當我們覺得事關重大，無法接受孩子的「不」的時候，我們一定要做到一件事——同理、承認孩子的感受和需求。

我知道你很想出去玩，玩樂當然比寫功課好玩多了。但是寶貝，我們先把功課做完好嗎？

我知道你很想吃巧克力，巧克力真好吃。吃完晚飯以後，媽媽陪你一起吃好嗎？

我知道你這個週末就想去遊樂園玩，媽媽答應你好久了。真抱歉，但是這個週末有朋友要來我們家，我們下週再去好嗎？

我知道這個東西不好吃，可是它對身體好。你看看它的顏色，不是很美麗嗎？

雖然沒有什麼味道，可是你吃它的話，你身上的細胞都會微笑呢。試試看好嗎？不勉強你。

而作為一個從小被侵犯的大人，當我們再度面臨被侵犯的時候，應該如何應對呢？第一，我們要認識到自己被侵犯的事實：對方越界了！他沒有權利用那種方式跟我說話，或是他沒有權利這樣干涉我的事情。

第二，我們要願意和自己內在那份升起的憤怒做一個連結。感受它，像一把熊熊烈火正在逐漸擴大。當你去感受的時候，你的憤怒是在你的覺知之下的，這樣你就不會做出或是說出稍後會後悔的事。

第三，針對那個侵犯行為說「不」，而不是對那個人說「不」。在這裡，「非暴力溝通」的技巧就很重要了。

（以上內容來自「真愛的旅程」工作坊克里希那南達和阿曼娜老師的啟發。）

孩子不是我們的裝飾品

曾有家長問過我這樣一個問題：「兩歲的孩子，需不需要開始教他秩序與紀律？而面對二十歲的女兒，我又該如何幫助她？」

其實，我自己的兩個孩子都不太靈性，尤其是我兒子。每次我兒子碰到一些障礙，我想從靈性的角度跟他解釋時，他都會很不高興地說：「妳不要跟我講那些靈性的大道理。」即使是這樣，我也覺得沒什麼，因為我允許他有自己的人生路程，要怎麼走是他來決定的，我只能從旁幫忙而已。他願意聽，我就講。不願意聽，就隨他去。

跟十幾歲的孩子講靈性，就像在我二十五歲的時候，你叫我不要吃牛肉一樣，是說不通的。二十五歲的時候，誇張一點說，我寧可死也要吃牛肉。但是現在，你給我吃，我都不會吃。為什麼？因為時間到了，有些道理你自然就懂了，你對事物的看法和感覺都會改變。

面對二十歲的女兒，我們可以和她分享自己最近看過的書。她看了以後，就可以和我們一起討論，也可以一同觀賞一部電影，然後一起分享心得。如果最近發生了一些有意義的社會新聞，或是朋友之間可以拿來探討的事情，你都可以像聊天、講故事一樣，和她談心說笑。但是對兩歲的孩子來說，紀律和秩序都會破壞他的天性，這就好比他原本是要長成為一棵橘子樹，你卻告訴他：「我比較喜歡蘋果樹，所以你這棵橘子樹要長得像蘋果樹一樣。」然後去修剪，告訴他該怎麼長。其實這都是在破壞他的天性。

事實上，當孩子上學了，如果他在家裡能夠完全地自由自在，沒有被任何規矩束縛的話，他去學校也會非常乖，非常守紀律。但是如果你在家裡壓迫他，他去學校反而會叛逆，故意搞怪，讓同學、老師注意到他。

比如說，我的女兒今年十六歲，長得亭亭玉立，比我還高。可是她吃飯的時候，喜歡把腳丫子放到椅子上。我說了她很多次，她就是不聽。後來我想，家是什麼？家就是讓妳做自己的地方。妳在家裡願意把腳放在椅子上，這不關我的事，我允許妳這樣做。將來妳長大了出去約會的時候，我不相信妳還會吃飯時把腳踩在椅子上。

很多時候，我們教育小孩其實不是為了他們，而是為了我們自己。我的孩子如果出去沒有教養，我會丟人。如果我的孩子成績很差，我也會沒面子。所以家長施加各種壓力，要求孩子考出好成績，這也是為了滿足自己的某種期望和需求。但我曾聽過一個故事：一個太太，她鄰居的孩子長大後都很有成就，都去美國念書就業了。而她的孩子沒什麼成就，一個在開早餐店，一個在開美容院。這個太太每天早上就到她兒子開的早餐店裡去喝豆漿，幫忙招呼客人，跟孫子玩一玩。下午就到女兒開的美容院去跟客人聊聊天、做做臉。而她鄰居的孩子一直在國外，偶爾才回來一次，一個月打一次電話都已經不錯了。誰快樂？

我們習慣於把孩子當成自己的裝飾品，這是不對的。在平時，我們應該有意識地覺察到，我們到底要什麼？對我而言，孩子的健康、快樂勝過一切。他的成績好不好，我覺得不重要，所以我常常跟孩子說：「讀書不是為了考試，而是為了學習，讓你在這個世界上生活時覺得很充實、有成就感。至於你能不能上好的學校，雖然媽媽和爸爸都是美國名校畢業的，但你完全不需要。你去念社區大學，媽媽也會祝福你。」

所以你要解釋一下，自己為什麼要給孩子那麼大的壓力。當你不給孩子壓力，讓他自由成長的時候，也許他到了國三，到了高一，突然就展現出來一些特長或者是興趣，然後開始很用功地讀書，或是開始熱衷於繪畫。你不知道，如果他注定要成長為一棵蘋果樹，他最終結的果實就會是蘋果；如果他要成長為橘子樹，最終就會結出橘子。可是在他還沒有結果之前，我只希望他茁壯長大就好，並不需要他結出我想要的果子。你呢？你有沒有在扼殺自己孩子的天賦呢？

05

我們所不能抗拒的自己

放輕鬆，開始愛自己吧

不為自己負責的極致

去年，一位男明星的女友因為受不了他劈腿而跳樓自殺。她留下了遺書，還有錄了音的遺言，說自殺只是要男友知道她有多痛。女主角長得美極了，才三十七歲，受過高等教育，擁有碩士頭銜。未來有多美好的前景在人生的前方等候著她啊！她卻為了一個負心漢，殺死了自己，這真是不為自己負責的極致。

表面上，她是因為男友的背叛而自殺，其實真正「行兇」的動機是：她無法和自己的痛待在一起。如果她早學到怎麼和自己的情緒相處，相信她也不需要用這種極端的手段來逃避自己被背叛、被遺棄的痛苦了。

看到這樣一個美女香消玉殞，我真的非常痛心。我多麼希望在她決定縱身一跳之前，抱著她說：「孩子，這一切都會過去。那個男人真的不值得妳這樣。我知道妳非常痛，我也曾經那麼痛過——痛不欲生的痛，但是相信我，這一切都會過去。只要妳打起精神，學會這個功課，妳的生命就多了一層成熟的皺褶，它會讓妳更美、更深層地去迎接妳未來美好的生命。」

我也是一個用情很深的情種，每次和情人吵架或是分手的時候，那種痛真的是難以忍受，讓我也考慮過自殺。走過半百的人生，經歷過那麼多刻骨銘心的愛情，我只知道：再痛的經驗都會過去。忍受痛苦之後浴火重生的你，會更成熟、更有深度。我保證你會愛上這個自己，而不是以前的那個你。

至於那些痛，就像生孩子的劇痛一樣，真的是過了就算了、忘了。只要熬過最難熬的那段時間，那些形同幻象般的痛一定會消散，剩下的就是記憶的碎片，如是而已。

我曾談到「愛自己，就要接納自己的情緒」，很多人都不知道該怎樣和自己的情緒相處，更別說接納了。其實這是一個修煉內在的功夫，如果你一向都是用各種手段來逃避自己的情緒，那麼如果你想要有所轉變，一開始，你就一定要對自己「狠」一點。

所謂對自己狠，就是把所有情緒的責任都放回到自己身上。當你有負面情緒的時候，先放掉、放過那個引起你情緒的人、事、物，把注意力放回到自己的內在，去感受那份不舒服，為那份不舒服負起全部的責任。

這是對自己很「狠」的做法，因為我們去責罵、怪罪別人，要比自己承擔情緒的責任容易得多（也爽得多）。可是，如果你真心想要成長、快樂，那就必須先對自己狠一點，用一段時間來練習把情緒的責任都攬在自己身上。

其實，真的不是那個人、那件事引發你這樣的情緒。因為在不同的心境下，他做同樣的事、說同樣的話，你可能完全沒有反應。或是同樣的事，在不同的時間點發生在你身上，你的反應也會是不同的。而且，同樣的事發生在不同的人身上，其他人的反應也不會和你完全一樣。所以，我們怎麼能不為自己升起的情緒負起百分之百的責任呢？

有個網友說自己的情人和別的女人搞曖昧，真是可恥！她不知道該怎麼辦。我的回答其實就是：先為自己負責。妳的內在究竟發生了什麼事？妳的不安全感、害怕被背叛的恐懼被挑起來了，妳先去看懂這個情結，修復這個傷口，再去看看妳情人的行為。妳自己沒有自信，卻要情人不停地為妳埋單，這樣的婚姻是維持不了多久的。我只能說，妳必須要成長，必須要為自己負責，而不是把注意力、眼光和過錯都放到對方身上！

讓我們先從小事開始練習吧（不要挑上面這種「大事」），畢竟這是違反你一貫做法的新方式，我們都需要一段時間來練習、調適。先從讓你有點不高興、驚慌、傷心的小事情開始練習，不去應對那個引起你這種反應的人、事、物，而就只是和自己的情緒待在一起，看著它、安撫它、陪伴它，讓它知道你已經認可它了，知道它的存在了。如果真的很憤怒，就去敲打枕頭。如果真的很傷心，就痛哭一場。如果哭不出來也打不出來，就去大吼幾聲，讓能量釋放。

當然，我們不是任人踐踏的門墊。安撫了自己的情緒以後，那個引發我們情緒的人如果真的做了一些不對的事情，我們要好好找對方理論。但是，當你已經放下了自己的情緒之後再找對方談，你的能量是歸於中心的，你的淡定從容會讓對方不戰而降。等情緒平復之後，再去處理事情，就更事半功倍了。

試試看吧，親愛的。我已經厭倦了做情緒的奴隸。你呢？

活出孩子的天真

回臺灣探望家人時，陪媽媽在社區裡跳老年人的「拍打舞」。旁邊一位年長的鄰居看到我，就問我媽：「這是妳孫女嗎？」我偷笑，我媽說：「這是我女兒。」這位老太太大概耳朵不太好，音樂聲又太大，竟然又問：「是妳女兒的女兒哦?!」逗得我樂了。

我看起來年輕其實不是因為沒有皺紋或是白髮，這種無齡感，我想重要的是要有年輕的神態——這神態，只有從內心而發，不能從外表造作。

我的確有著和自己年齡、經歷及能力都不相稱的天真，很容易相信別人說的話，也很容易被別人打動。但有趣的是，在這樣複雜的社會裡打轉，我從來沒有覺得被欺騙或是吃虧上當。到現在，我還是有非常孩子氣的一面——純真、信任、給予，很多跟我接觸過的人都可以感覺得到（當然是在我狀態好的時候）。我也像個孩子一樣地掩飾不住自己的情緒，不願意不真實地活著。

有一次，我回臺灣舉辦新書發佈會，那一天我的心情很不好。現場有一名讀者就說：「德芬，我很感激妳把我帶進了靈性成長圈，但是今天看到妳很失望，因為我覺得妳很不快樂。」我當下就承認了自己很不快樂，並且問他們，「能不能接受我也有不快樂的一面？」我知道，很多人只想看到他們心目中的德芬，但是我只想做真實的我。

所以想要保持年輕，就要有孩子的純真和真實，可惜很多人年紀輕輕就已經失去了童心。想要拾回童心，我們就要先找回自己內在的小孩，修復他的創傷，學會自己疼愛他，而不是等待那個永遠不會出現的完美父母來圓滿他的人生（很多時候，我們都誤以為親密伴侶就是我們等待了一生的完美父母，可惜，最後希望還是落空啊）。

每個人曾經都是孩子，都曾經無憂無慮地快樂過，但是大人和周圍環境的打壓使我們那個孩子受了傷，躲在內心深處的陰暗角落裡。我們的身體長大了，但是，那一部分的我們沒有長大，還在黑暗中哭泣、恐懼。我們害怕這個部分的自己，所以更進一步地打壓它，讓它不見天日。因此，內在孩童反彈的時候是誰也壓不住的。它會讓我們做出很多不理性、自己都會後悔或覺得愚蠢的事，等到發現的時候已經太遲了。

所以，連結自己的內在小孩非常重要，如果和他建立一種良好的關係，他就會激起你的童心，讓你依舊對世界充滿好奇與幻想，每天都能活在當下地享受生活。開心的時候大笑，傷心的時候盡情哭泣，這才是夠味的人生。可惜我在外面碰到的人大部分都像機器人一樣，言語索然無味，對生命沒有熱情，生活毫無情趣，每天機械式地生活，眼睛裡只有無明，臉上掛著茫然、冷漠。這樣活著多可憐哪！

自愛與自私

很多人搞不清楚自愛和自私的差別。其實，真正愛自己的人是一點都不會自私的。一個人之所以什麼都先想到自己，是因為他自己家裡沒有人在，那個「核心人物」——我，老是跑到別人家去討愛、討東西去了。

說實在的，以我們現在的生活條件，有什麼外在的東西是非要不可、沒有會死的？基本上沒有。但是自私的人卻不顧一切，凡事只想到自己。為什麼？因為他內在匱乏。就像一個永遠也吃不飽的人一樣，因為心裡匱乏、飢餓，所以你給他再多的食物，他也不滿足。

內在的匱乏誰能幫你滿足？永遠不是外在的人、事、物，而是我們自己。所以，如果你真的愛自己，隨時隨地都在心裡陪伴自己，給自己關愛，你會是一個非常歸於中心的人。這樣的人，不急不躁，不會去和別人爭名奪利，更不會像個乞丐一樣去跟所有的人乞討愛、肯定和關懷。

我有些條件很好的單身朋友一直找不到對象。仔細檢視之後，我發現他們都是無可救藥的自我感覺過於良好的人。為什麼他們會給別人自我感覺過於良好的感受？因為你和他們接觸幾分鐘之後，他們的所言所行就開始不斷地為自己鼓掌，不是炫耀自己的功績、優點、榮耀，就是自顧自地說他們感興趣、可是對別人一點意義都沒有的無聊事情。

為什麼會這樣呢？因為他們的自我內在感覺不良好，所以需要一直爭取外界的注意力和肯定，這還不夠，自己還得不斷地誇獎自己，這些人的內心匱乏得可憐。他們和朋友在一起，對朋友說的東西一點都不感興趣，只是關心自己的事。如果你告訴他們，最近你去哪個國家旅行的有趣見聞，他等到你稍微喘息一下的時候，就會立刻插話告訴你，他去別的國家更有趣的事或是發生的類似但更精彩的事。

他們就像沒有意識的機器人，在朋友聚會的場合裡，自顧自地說自己的事情。別人說什麼，他都要把話題拉回到自己身上。這樣的人是愛自己的嗎？我要說，正是他們太不愛自己，所以才要不斷地在外界乞討注意力和關愛，這樣的人，能夠吸引到什麼樣的異性呢？一定是跟他們條件不對等的異性。而這樣的人，他們又是看不上的。所以，明明條件非常好，卻找不到對象。

到底如何愛自己呢？我寫了那麼多本書，都是在談我們和自己的關係。想要愛自己，首先就要建立起和自己的關係。我們和所有的人、事、物，包括父母、孩子、情人、事業、金錢、健康等都有一個關係。我們也都知道，要想幸福、健康、快樂，我們需要去經營所有層面的關係。可是我們最常忽略的，就是跟自己的關係。我們的眼光總是向外去看外面的人、事、物，卻很少回來看自己。

原因就在於：在小時候，我們學會除了自己外，沒有人會照顧我們內在最深的需求。我們成為自己內在受驚小孩的警戒保護者，將注意力和覺知放在外在世界，學習控制與操縱周遭事物，盡一切力量保持自身的安全——不讓自己感受痛苦、失望和失落。所以我們採取很多不當的反彈行為，傷害別人，更傷害了自己。[18]

所以，靈性修煉最重要的部分就是自我觀察，不斷地回頭審視自己，始終把一部分注意力留在自己身上，回到自己的內心。這樣你就會感到扎實、安穩，歸於自己的中心。這樣的人，不需要一直去表達自己、讚美自己，去爭取別人的認同，也不需要跟別人去爭奪什麼，因為他有足夠的自信和安全感，知道該屬於他的，誰也搶不走。

這種感受，是需要一個過程慢慢培養才能夠達到的。我自己從小就是一個很愛現的人，由於自己條件好，又不懂得收斂，所以很惹人討厭。靈修之後，我慢慢

18. 這段話引自克里希那南達、阿曼娜合著的《擁抱你的內在小孩》。

內斂，開始關注自己、愛自己。現在和朋友聚會的場合，我就不會像以前那樣地滔滔不絕、為自己歌功頌德，或是說一些自我感覺良好的話。我也會注意把說話的機會讓給別人，讓伶牙俐齒的自己有更多休息的機會。

另外就是，我在《愛上自己的不完美》這本書裡和大家分享的：當你有更多的能力、覺知和時間回觀自己時，你會看到自己很不想承認的那些陰影、陰暗面，而這是最關鍵的時刻。你一定要拿出最大的包容和耐心，接納自己一切的不完美。看到「我是一個會嫉妒的人」時，就對自己說：「哦，我是個會嫉妒的人，好的，我接受它。下次看到別人嫉妒的時候，我就知道自己不過是五十步笑百步。」就這樣一點一點地去看，一點一點地去接納，你就會真正地愛上自己，和自己和睦相處。

最後，我和大家分享《西藏生死書》的作者索甲仁波切寫的一段話，非常發人深省：

也許我們害怕死亡的最大理由，是因爲不知道自己到底是誰。我們相信自己有一個獨立的、特殊的、個別的身分，但如果我們勇於面對它，就會發現這個身分是由一連串永無止境的元素支撐起來的：我們的姓名、我們的「傳記」，我們的夥伴、家人、房子、工作、朋友、信用卡……我們的安全感就建立在這些脆弱而短暫的支持之上。當這些完全被拿走的時候，我們還知道自己到底是誰嗎？

如果沒有這些熟悉的支撐，我們面對的，將只是赤裸裸的自己：一個我們不認識的人，一個令我們焦躁的陌生人，我們一直都跟他生活在一起，卻從來不想眞正面對他。我們總是以無聊或瑣碎的喧鬧和活動來填滿每一個時刻，以保證不會單獨面對這位陌生人。

你和自己是陌生人嗎？趕快和他建立一個關係，慢慢愛上他吧！

在夢中盡情揮灑自己的潛能

美國作家杰德・麥肯納（Jed Mckenna）把人生比喻成做夢，這種比喻古來有之，不足為奇。不過他的獨到見解在於，他認為開悟是「從夢中醒來」（Awakening from the dream），這樣的醒來是大徹大悟的，整個人都脫離了夢境，你夢中的角色都不用扮演了。如果這個地球是一個大遊樂場，你就是離開了遊樂場，不玩了。

他不建議靈修的人追求這種目標，因為我們在夢中、遊樂場中是很好玩的，這是我們來這個地球的目的，不是嗎？何必急著醒過來呢？如果你因為夢境太辛苦，過得太不開心，所以想醒過來的話，你就是沒有掌握做夢的藝術。

杰德・麥肯納的建議是：在夢中醒來（Awakening in the Dream），你還是在夢中，但是知道自己在做夢，也就是所謂的「清明夢」。如果我們真的能看透人生不過就是夢一場，那麼我們可以在夢中盡情揮灑自己的潛能，把夢境中發生的一切都視為虛幻，但是不影響我們享受夢境。

我現在正慢慢地進入到這樣的狀態中。我知道自己在做夢，所以面對夢境中發生的事情，我不再那麼較真了。虛虛實實，反反覆覆，這一切都會過去，最重要的是，我內在的平安和喜悅，我不要失去它們。

我知道最終有一天，這場夢會結束，我會回到當初來地球之前所在的地方，是什麼就是什麼。既然如此，我得趁現在好好享受做人的樂趣。二元對立世界的張力，心靈和物質的對立，七情六欲，這些東西可能是我們在另一個世界裡玩不到的，所以在這裡，我們要盡情地玩樂。

在玩樂中，我也不執著於自己的經驗和經歷一定都要是正面的或是好的。既然另一個世界裡沒有負面的、壞的，所以在這個世界中，我們不急於趨樂避苦。管它是什麼，來了就好好經歷享受。臣服是能夠讓你在這個夢境當中玩轉的最佳策略。謙卑和誠實也會讓你的日子更好過。

祝願更多的人能夠在夢中醒來，一同享受我們的人生大夢。創造最佳夢境，值回票價！

你擁有的，他未必就擁有

女人彷彿生來就會互相嫉妒，很多女人也會為此而煩惱。無論是嫉妒別人還是被別人嫉妒，都不是愉快的感覺。

嫉妒總是從羨慕開始，羨慕別人有，而你沒有。羨慕之餘，再加上一點怨懟，就變成了嫉妒心。如果只是單純的艷羨、仰慕，還不至於構成嫉妒。為什麼會有怨懟呢？多半來自競爭和比較的心理。

競爭、比較的心理大多源於童年時候的環境影響。當父母教導孩子要用競爭、比較的方式來得到父母的關愛、注意和讚賞的時候，孩子就學會了。這樣的心理模式會一直跟隨孩子長大成人、進入社會、成立家庭，想起來也滿可怕的。

那麼，我們該怎樣面對自己的嫉妒心呢？其實，最重要的就是要有覺知、覺察。為什我會無緣無故地那麼討厭那個女的？為什麼我總是看她不順眼？除了是我們的陰影投射[19]之外，如果看到自己是因為嫉妒而對她不友善，這時候就要看看自

19. 關於「陰影投射」，請參考《活出全新的自己》，方智出版。

己究竟是在嫉妒什麼。

通常我們會嫉妒對方擁有自己沒有的東西，這種競爭、比較的心理看透了以後真的很沒有必要。舉一個好玩的例子：我在社區的會所健身，做搏擊操，是一種很好玩的運動。我的運動細胞不太發達，手腳的協調性不是很好，動作不靈活，所以有時候，老師的動作我不一定能夠跟得上。環顧四周，同學們似乎都比我年輕靈活，只有我前面的一個女孩似乎比較笨拙。當時我就心裡一樂，想有人幫我墊底了。後來我才看清楚，她原來是個「喜憨兒」（患有唐氏症的成人）。這下好了，沒得比較了。她轉過頭來，對我嫣然一笑。哇，喜憨兒的笑容不知道你們見過沒有，好純潔、好乾淨，真是美死了。於是，我又開始羨慕起她的笑容來，發誓要愈活愈年輕，像喜憨兒一樣純真乾淨。

這段很好玩的心理過程，雖然不是嫉妒，但也是出於競爭、比較的心理，我才會這樣去艷羨別人擁有自己沒有的東西。其實，每個人都是獨特的個體，如果你都不能欣賞自己，做自己最佳的啦啦隊、最忠實的粉絲，那你希望誰來支持你、愛你呢？

隨著靈性成長的進步，現在如果我覺察到自己有嫉妒的情緒，我就會把它轉化成祝福給對方。因為正向的能量是相互吸引的，如果你艷羨別人擁有的，卻把嫉妒的負能量投射過去，那麼你所羨慕的東西就不會來到你這裡，因為你的負能量會排斥它。相反地，如果你投射祝福的能量，那麼你所羨慕的東西可能就會被你吸引過來。

如果你嫉妒的情結真的很嚴重，那麼你也許要試著把眼光收回來，把注意力放到自己內在那個自卑的、自憐的內在小孩身上。看到別人的風光和才華，我們自己內在會有聲音在說：「你看，你都不如他。」這時候，我們可以注意自己內在的對話，不要讓這個使你痛苦的聲音主宰了全部的發言權。培養一個能站在你這裡、為你說話的聲音：「他是他，我是我，我擁有的，他未必有。」然後數算自己生命中的恩典，這樣反而會讓你有餘力去祝福對方。

另外，被嫉妒也是很多人的苦惱。我從小就是一個特立獨行、不太受群體歡迎的人。我知道自己遭受不少人的嫉妒，到現在還是如此。表面上也許是因為我擁有太多別人想要的東西，其實我覺得底層的問題還是在自己身上。當我帶著一股炫耀的、自以為是的能量出去的時候，就會有很多人嫉妒我，因而攻擊我。但當我懷著謙卑的心，非常歸於中心地出去應對進退時，得到的嫉妒能量就少得多。

所以，如果你因為被嫉妒而煩惱的話，你首先要做的就是檢查自己的起心動念。有時候我們隱藏得那麼好，別人看不出來其實我們有一顆很想要炫耀的、張狂的心，但能量是瞞不住別人的，總會找機會顯露出來。所有外在世界的活動都是內在的投射，這話一點也不假。

喚醒妳的女性能量

很多女性都非常關注「女性能量」這個話題。雖然我的外表看起來很女性，但實際上我年輕時的女性能量並不高，我也是到了四十歲才開始滋養自己的女性能量的。

因為從小就被灌輸一定要出人頭地的這種觀念，所以我學會了爭強好勝，凡事都喜歡分個是非高下、黑白曲直，忽視了中間那個曖昧的、陰暗的、晦澀的地帶，對人的包容力、對事的忍耐力都不夠。

到了四十歲開始靈修時，我做過一個象徵性的夢——自己在地下室裡，跟四位女性說話，我告訴她們：「地下室這麼暗，外面的陽光那麼好，妳們出來走走吧。」四位女性同意了，並跟著我到樓上去了。

我一醒來就知道這個夢對我而言意義重大。四位女性分別代表了我內在的各種女性特質，而地下室映射出了我的潛意識，表明我內在的女性特質同意被釋放出來，並自然地去展現。

這些年，我一直慢慢地在修煉學習靈性成長，與此同時，我發現自己的女性能量也愈來愈多。從之前的不到百分之三十，到現在的百分之六十以上，對人、對事，我都多了一份包容。比方說，面對一件事情的時候，可以允許它暫時處在一種晦澀不明的狀態，不一定要立即分個是非高下、明白清楚。關於女性能量的積累和成長，我在《活出全新的自己》[20]裡就有講到，書中的女主人公就經歷了這樣一個歷程：她本身是職場女強人，身上的男性特質非常強烈，最後在老師的指導下，她終於發現要去擁抱自己內在的女性特質。這跟我自己走過的路程有一定的相似性。

那麼，要如何喚醒我們的女性能量呢？首先，我認為，要能夠放鬆、放下，是非常重要的。男性的能量就是開拓、衝刺、積極、奮鬥，女性的能量是守成、等候、醞釀、包容。

比方說，在很多人眼中，我是一個大忙人，但我自己並不覺得忙，而且還有許多空閒時間來做自己喜歡的事。早上站樁、運動，然後看書、上課、寫寫東西，這樣也忙得挺開心，能夠做到「身忙心不忙」。很多人問我是怎麼做到的？很簡單，我只做我想做的事，而且忙得很開心，能解決的就做，不能解決的就放下，所以我覺得很容易就可以做到身忙心不忙。事情過去了，妳就放下，心就不再忙了。當妳的心不忙時，妳的女性能量自然很容易由內而外地流露出來。

可很多人的情形常常是：事情過去了，心卻還放不下，還在想著「我當時應該怎麼做會比較好」「當時該這樣就好了」「要是……」「如果……」，弄得自己的內心始終被自我對話、虛擬的戲碼占據著。所以，能夠和自己的負面情緒坦然相處，然後不疾不徐地一件一件地處理該做的事情，這是活出女性能量的一個關鍵所在。

其實，真正讓我們感覺到忙的不是事情本身，也不是我們的心，而是負面情緒帶給我們的困擾。我們的身可以忙，但心是有空間的。當自己的內在空間很大的時候，外面那些忙忙碌碌的事情就像過眼雲煙，一晃即逝。我們的內在空間就像天空一樣，所有發生的事情就像白雲，過來了，也會過去。即使那些雲是烏雲，是一些讓人會糾結的負面情緒，只要空間夠大，都會過去。這就是最明顯的女性特質：像大海，像天空，永遠靜靜地存在，包容來來往往的過客，而不為所動。

20.《活出全新的自己》，方智出版。

然而相較於男性來說，女性是更容易受到負面情緒干擾的。該怎麼辦呢？

我個人覺得，心靈成長是一個很好的方法。心靈成長是一個很漫長的旅程，從我決定要往內走，發現自己為什麼這麼不快樂時開始到現在，這麼長的歲月，我一直在做這件事情——面對自己的負面情緒。很多上班族平時也許沒有那麼多時間來打坐、練瑜伽，但有一點最重要，那就是：讓自己靜下心來，才能有更多的能力和空間去面對、應付自己的負面情緒。

對我而言，負面能量就是一個鈎子，它會鈎住事情不放，讓我產生更多的負面情緒。那要怎樣才能做到真正放下呢？這說起來容易，但要真正做到的確不容易。

我以前學過一個「光的課程」冥想練習，每天都要做半小時，想像各種光的存在和它們的功用。雖然開始的時候，我也是心猿意馬的，但堅持三、四個月後，我發現自己的負面情緒少了很多。此外，勤練瑜伽能夠幫助你把脈輪裡的負面能量清理乾淨。負面能量少了以後，事情就不會鈎住妳不放，負面情緒也就比較容易放下了。另外，我個人覺得，少吃肉食，可以讓妳避免因為食用動物的肉，而吸取了一些動物的負面能量、暴戾之氣。

一般說來，人之所以會有負面情緒，比方說：生氣，是因為妳對生氣這種情緒存在著需求。面對同樣一件事情，狀態不好的時候，妳會生氣；狀態好的時候，妳卻不會生氣。這實際上反映的就是內在的一種需求。對負面能量的需求就是來自於身體的狀態和自身的能量狀況。所以，我們要及時清理自己的能量場，讓身體變得健康。

除此之外，妳還可以讀一些有關情緒管理或是心靈成長的書，它們也會有助於覺察自己的情緒，進而活在當下，幫助我們的靈性成長。現代人的心態過於浮躁、忙碌、多變，如果妳連好好坐下來看一本書的能力和興致都沒有，那就真的談不上情緒管理、女性能量、心態放鬆或是靈性成長了。

另外一個女性能量的重要特質就是：允許、順流而行，接納當下所是。

生命就像一條河流，它自己在流動，妳要做的就是坐在一條小船上，任它載著妳走，這樣妳會感覺很輕鬆、很自在。當事情發生時，妳能不能做到臣服於那件事，而不是那個人？如果妳臣服不了那件事，那妳能不能臣服於這件事帶給妳的負面情緒？如果帶著這樣的理解和想法生活，慢慢地，妳會看到有一雙無形的大手在主宰著一切。生命的河流如此強大，妳想逆流而上，那多累啊！在以前，不如意的事情會激發我的鬥志，讓我想去抗爭、搏鬥，但現在我會說：「老天有它的意志在裡面，我靜觀其變，看它怎麼發生。」所以，現在的我能夠愈來愈容易放下，愈過愈開心。

在我們能夠愈來愈放鬆、愈來愈順流而行之際，女性能量就自然流露了。

生命是一場臣服的遊戲

有讀者寫信問我：「我覺得自己了無生趣，沒有任何欲望，該怎麼辦？如何才能脫離苦海，得到解脫？」

我當時是這樣回覆的：你對解脫的欲求和對現狀的抗拒，反而正是你解脫的障礙。

想要趨樂避苦是每個人的天性，然而，它正是讓我們深陷苦海的肇因。很多人不想面對內在的痛苦，他們追逐外面的成就，以為擁有金錢、愛情、名聲、友誼、事業、名車、豪宅，就可以遮蓋痛苦，讓他們離苦得樂。很多情緒問題特別嚴重的人，在嘗試以上各種方法，或是功成名就之後，還是無法消除內在如影隨形的痛苦，於是走上賭博、吸毒這類險路，最後甚至以死來求解脫，好讓自己別再面對痛苦。

有些人進步一些，他們走上心靈成長的道路（當年的我正是如此啊），追逐不同的名師，參加不同的工作坊，讀各式各樣的書籍，或是死抓著一個教派、法門，充分地投入其中，全身心地奉獻，靠著它壯大自己的小我，希望藉此能夠消除內心的痛苦，而感到自在安逸。

有些人投入公益事業，藉由幫助他人來逃避自己的痛苦。有些人整天嘴上掛著光啊、愛的，以為自己跟得上新時代的這些「術語」，就可以遠離那些陰暗面的痛苦。有些人開口「阿彌陀佛」，閉口「耶穌基督」，以為「傍」上了一個宗教，就能夠人格升值，保障平安。

這些都沒有用。

都沒有用。

你在欺騙你自己。

午夜夢迴之時，你自己心裡明白你究竟是否真的活得自在解脫，還是只是在服務你的小我，強顏歡笑。

但是如果這樣你就能過得很好，那也不錯。不是每個人都需要去面對自己心裡的那個惡魔。很多人可以與它相安無事地共處（我對很多人言行不一、前後矛盾卻怡然自得、自圓其說的本領非常佩服！而這樣的日子，我也過了很長時間）。

但是也有一些人非常幸運，老天會藉由不同的環境或是事件，觸動他們內在的惡魔，嚇得他們抱頭鼠竄，無處可逃。

他們墜落到陰暗的谷底，被逼到了最偏僻的角落。

這就是很多人抑鬱的根源。

唯一的出口就是去看見、承認和接納。

面對面地看著這個醜惡的自己，不再逃避，不再躲藏，不再否認。

和自己最深的罪疚和痛苦在一起，艱苦地煎熬著。不批評、不自衛，全然地脆弱和臣服。如果做不到，就試著靜觀一切，一定要拉開距離注視自己。

接受現狀，擁抱真相，不要再粉飾太平，這是唯一的出口。

06

誰是你心靈上的鄰居？

做別人生命中的加號

批評是靈修的最佳肥料

曾經，我跟一個好朋友的衝突讓我深深地體會到一件事：旁觀者清，我們身邊的人永遠比我們自己還要了解我們。當時，我只是很中肯地說了一句：「妳黑白太過分明。」她就勃然大怒，說我攻擊她，傷害了她，然後說了一些要跟我絕交的話。我不禁搖頭苦笑。其實，針對她的個性，我的這句「黑白分明」還是委婉了許多才說出口的，沒想到她如此不能夠聽任何關於自己負面的反饋。

我們身邊其實本來就很少有願意說真話的人，所以，唯一說真話的可能就是那些跟我們吵架或是背後中傷我們的人。曾經有人罵我「心腸歹毒」「太貪心」「感情白痴」「待人刻薄」，這些都是我平時不慣表露的面向。也就是說，平常我不會用這些面向示人。但是，既然這些人在我身上看到了，還說了出來，那麼他們肯定是對的。我的內在絕對有這些潛在的面向，只是被我壓抑、阻擋了。

我其實一直在強調，在靈修的道路上，如果只追求自己的光明面，我們是不會有什麼改變的。也許外表看起來更祥和，但是內在的世界只有我們自己知道。而且大部分人有本事忽略自己負面的面向，而自我感覺良好地維護自己的形象。

想要找回完整的自己，我們一定要願意面對自己內在的所有面向，尤其是那些破碎的、被我們壓在最深處不願意看到的東西。以前的我，很怕別人說我負面的話，現在的我卻認為，那些批評你的人，其實真的是在幫助你修行，讓你看到自己更多真實的面向，給你機會去接納、整合它們，進而讓你成為更加成熟而完整的個體。如果靈修者連這一點謙卑都沒有的話，用一句我最不喜歡聽到的話來說就是：「白修了！」從以前的怕批評到現在的期待批評，我很高興自己內在能有這樣的轉變！

如何擁有自得其樂的能量？

離苦得樂是每個人都在追求的目標，至少在表層意識上是這樣吧。

我歸納出了幾個心得，在此和大家分享。

首先，我認為誠實是最重要的，不僅要誠實地面對他人，還要誠實地面對自己。不要找任何藉口來解釋自己的不快樂，要為自己的不快樂負起全部的責任。同時，要去坦承你究竟是誰，或是至少，要能夠誠實地看到自己的小我又在計較、生氣、嫉妒、擔憂、幻想、責怪……

如果你真的下定決心要離苦得樂，那麼誠實真的是你需要去開發、滋養的重要特質。

第二就是要負責任，為自己當下的需求、感受負責，為滿足自己的需求負責。

比如說，妳責怪老公對妳不好，回家以後一直上網不理妳。妳內心「我要被愛、被重視」的需求沒有得到滿足，妳需要去認可自己當下有這樣的需求。同時也理解到，老公的行為不是造成妳傷心、痛苦的原因，妳之所以會感覺不好，是因為妳有這個需求，所以妳也要為自己的感受負責。

同時，妳要知道，對方是沒有義務來滿足妳的需求的。注意！這裡是一個關鍵點：我們始終認為父母有義務和責任來滿足我們的需求，這是小時候的習慣。然而，大部分父母都沒有多餘的精力、時間和智慧來滿足每個孩子的需求，所以，我們帶著遍體鱗傷的心靈和許多未被滿足的童年需求走進了親密關係，以為伴侶可以滿足我們的需求！這真是天大的誤會！

在人類的腦組織結構中，管理情緒、感受的是我們的舊腦，相當於爬蟲類和哺乳類動物的腦，這部分的腦是不分對象、沒有理智的，它只憑感覺來認人。這就說明了，愈是帶有你父母特質的人，愈會吸引你。走入親密關係之後，你的舊腦就會誤認為這個人是你的父母，所以兒時的很多創傷就很容易會被這個人的行為所觸動。而不幸的是，親密關係伴侶由於具有我們父母的特質，所以，他們也會以和我們父母相似的方式來傷害我們。這就說明了為什麼愛得愈深，痛得愈厲害。

所以，想要離苦得樂，你就必須為滿足自己的需求負責。你可以用「非暴力溝通」的方式和伴侶溝通：

1. 你回家就上網。（事實）
2. 我覺得很傷心。（你的感受）
3. 因為我希望你能陪陪我，花點時間跟我說話。（你的需求）

4.所以，再過一個小時，你可以停下來跟我說說話嗎？（具體的要求）

最後，我認為想要離苦得樂的最快方法就是立下承諾，並且堅守它。這個承諾就是：願意花時間和心力去讓自己成長，改變自己舊有的模式和信念。比如說，老公愛上網，妳老去纏著他，因為他一上網妳就覺得自己沒有人愛，感覺不被關注。這時候，妳可以告訴自己：「他不是不愛我，只是喜歡上網而已。」所以，妳可以試著自己找樂子，做一些自己喜歡的事情，而不是把全部心力都放在他身上。當妳自得其樂地聽音樂、做瑜伽、看電視的時候，妳會發現妳一心追求的那個人放下了他手上的事情，過來看妳在做什麼。因為妳自得其樂的能量是如此讓人舒服，他會不自覺地被妳吸引，來到妳的面前。試試看吧！

自利和利他

自利和利他好比是一座蹺蹺板，我們多給自己一點，就少給他人一點；多給他人，自己的利益有時候難免顧不上。如果你每次在猶豫的時候，都能夠選擇利他那一頭的話，你就一定會成功。就算不成功，你也會很快樂。相反，如果每次都選自利那一邊，你注定要失敗，即使僥倖成功，也會非常不快樂。

我自己回顧一下過去的人生，的確是這樣。比如說，我是如何成為一位作家的？我原來根本沒有想過。有一次，奇蹟課程的若水老師跟我說，有部電影叫《我們懂個X》（What the bleep do we know），很棒，可惜中文翻譯不理想，沒有人有時間和能力修改。我當時聽了，就自告奮勇地承接下這份沒有任何回報的工作，花了好幾個星期修正它的翻譯。

翻譯完了，我覺得這部電影真的很好看，完美地闡釋了量子力學和靈性的交集，但是非常深奧難懂，看一次是看不太懂的。於是我想和大家分享這部電影，聯絡了臺灣的一些靈性中心，讓他們組織聽眾，我來導讀這部電影。這是出於發心，當然自己也會有成就感。就在一次導讀會上，方智出版社的主編聽了我的解說後，跟我說：「妳能夠用非常淺顯易懂的語言說明抽象難懂的靈性理論，妳要不要試試寫本書？」就這樣，《遇見未知的自己》讓我成了暢銷書作家，緣起就是一個無為的發心。

我覺得，自利和利他的行為會養成一種習慣，因為「念」是會累加的。原來我們剛開始還有些猶豫，不知道是該利他還是自利，但是當我們選擇其一之後，就會有一些既得利益出現，讓我們嘗到甜頭，然後養成習慣，逐漸定型。選擇利他還好，但是選擇自利尤其如此。當凡事都只想到自己而且成為習慣之後，我們再也無法慷慨地為他人著想，甚至會做出許多損人不利己的事情來。

我個人覺得，利他真的是我們人生最終要選擇的道路，因為它會創造雙贏的局面。我們和萬物的生命都是如此緊密相連，千萬不要只顧自己的利益而不顧慮到他人。分別選擇自利和利他兩條途徑的人，到老的時候最容易分出高下。那時候，你對他人的「功能性」已經很少了，但是如果你曾經幫助過很多人，人緣很好，你還是會有很多朋友。如果你一直非常以自我為中心，沒有累積善緣，到老的時候，不但個性會愈來愈古怪，還會為家人、親友造成負擔，當然，朋友也不會有幾個。

所以，自利和利他的選擇，對我來說，是不需要考慮的選項。你呢？

做別人生命中的加號

人與人之間的交往，無論是親子、親密關係，還是朋友、同事等，其實無不是建立在實質利益上的。這話說起來功利，其實是很有道理的。舉個例子，我們常說，父母對兒女的愛是無條件的，沒錯，但是如果兒女長大後對你態度惡劣，動不動就伸手要錢，甚至喝酒打人，你能欣然接受嗎？是的，你還會愛他，但一定會離他們遠遠的。其他關係就更不用說了。

我曾說過，如果自己過得開心、自在，那麼你自然會吸引你想要的人來到你身邊。現在我想說的是，如何留住你愛的人，讓他不想離開你。很簡單，就是做他生命中的加號。

我看到很多伴侶對彼此予取予求的，視對方為理所當然，這樣的關係肯定不能持久。當然，如果一方沒有能力獨立自主（經濟上、精神上），只有忍氣吞聲，這樣的關係無法滋養對方，肯定無法順遂長久。

我就常常檢討自己，對於我生命中和我身邊的人，我是否是他們的加號？他們的生命、生活有沒有因為我的存在而加分？尤其是男人。妳是否把家裡照顧好讓他無後顧之憂？妳是否是他最好的傾聽者，很多話他不想跟別人說，但是會跟妳說？還是正好相反？很多男人不敢跟太太說的話，卻會很願意跟初相識或是酒廊裡的小姐說。妳是否也是他生活中的良伴，陪他享受人生，共同從事一些你們喜歡的事情，讓他喜歡和妳在一起，而不是寧願泡在KTV，也不願意回家？

做孩子的也是，要成為父母的加號；做員工的也是，要成為老闆、公司的加號；做朋友也是，要為你的朋友加分。如此一來，你自然就是一個豐富又充實的人，因為你是別人的加號，所以也不斷為自己加分。

我這裡說的加號，可不是犧牲自己成就別人。一味地付出而失去了自己，絕對不會成為別人的加號。我們為別人的付出，到我們給出的那一瞬間就已經結束了。如果你要求別人感激你、回報你，那你的付出就不是純粹的，你就無法為別人加分。

很多人好像任勞任怨、不計代價地為對方付出，卻換得了不好的下場。這是為什麼？就是因為他在付出的過程中失去了自己，又不甘心對方沒有按照他想要的方式回報他，結果兩個人都會陷入地獄。

做一個單純的加號吧，簡單、快樂、自由、富足。

為自己留白，為他人留福

一幅很滿的畫，看起來眼花繚亂，其實並不美，真正的美在於留白。其實，我們的人生也需要留有一些空白，把自己的福氣分享一些給別人。

臺灣的半導體之父就曾說過，人生要留白，不要讓福氣被自己一個人享用盡了，不要貪心什麼都要、什麼都抓，留些空白讓別人去享受一些福氣是好的。有些人突然掙了很多錢，但他變得比以前更不快樂。為什麼？因為有錢之後，他失去的可能更多。所以，為自己的人生留白，留一點福氣給別人享受，這很重要。

為人生留白的方法有很多，比如，你可以在生活當中看看誰會因為你的付出而獲得幫助，你可以把你的豐盛讓渡給他一點。你如果去幫助別人，讓別人因為你而過得更快樂、更舒服的話，表示你自己是富足的。當別人快樂的時候，他那份快樂也會迴向給你。

我知道很多讀者每天都在心裡感謝我，我能收到那份善意跟祝福。你可以回觀一下自己在生命中有沒有做過這些？在生命當中，你可能每天從睜開眼睛起就開始忙、忙、忙，忙到晚上，然後倒頭就睡，難怪會累、會積累負面情緒，因為你都沒有留出時間和空間來給自己。看看自己有沒有留一些空白，為自己創造一些福氣，有沒有把自己的福氣分享一些給別人？或者是，可不可以讓自己的腦袋放下所有的事情，靜靜地聽聽音樂，拾掇拾掇花草，看看熟睡中孩子的臉，回頭看看此刻自己內在的感受是什麼？

為什麼我們現代人愈來愈不快樂？我們不斷地累積「有」，但是沒有讓自己變得更快樂。如果今天你告訴我你想賺十億，那你去賺，沒有關係，但是我會問你賺十億是為了什麼？十億能保證你得到你想要的東西嗎？我們不要一味地去追求有、有、有，因為我們可能不需要付出那麼多，就可以得到自己想要的。每天靜下心來一段時間，把工作放下，什麼都不管地給自己放個假。

那給生命留白究竟有什麼好處？體驗空又有什麼好處？如果你一味地追求你想要的東西，沒有留一點空間給自己，沒有留一點空間給「道」去流動，出來的結果未必是最好的，而且你精神上也會感覺很痛苦。

留白之後還有一個好處，我發現當自己慢慢去體會人真正的本質是空無的時候，我察覺到一種寧靜的喜悅、和平。我們之所以不能或是不願去感受空無，是因為大部分人很怕生命中有空無、留白的出現。只要一安靜下來，我們就放音樂，看電視，跟朋友打電話。我們沒有辦法享受一個人的寧靜和空無，害怕那個無底的空洞把我們拉到一個未知的地方去。

其實，空無才是人的本質，你願意放下一切走入空無的狀態，就可以體驗到空無帶來的喜悅。我發現，以前會有一些想法讓我變得抓狂，某些感受或情緒一來，我就覺得自己一定要做些什麼——或者跟朋友講講話，或者去大吃一頓，或是去罵那個讓我產生了這種情緒的人。可是現在，我感受到空無帶來的快樂以後，我就覺得內在有一個空間可以容納這些想法。我可以看著那些讓我痛苦的人，看著內心的不安全感，看著恐懼、沮喪，然後什麼事都不做。

如果你的內在也有這樣一個空間的話，你可以允許所有的人、事、物在你心裡穿過，你會變得很輕盈。情緒之所以一來就是排山倒海的，怎麼趕都趕不走，就是因為你內心裡有個鈎子把它鈎住了。如果你的內在有一個空間允許思想和情緒存在，它待一待就走了。

我相信這樣一直走下去的話，我們會接觸到更多的內在空間，有更多的空間去容納我們的負面思想和情緒。慢慢地，我們就會變得愈來愈自在、愈來愈快樂，真正得到大自在、大解脫。

什麼是真正的行善？

大學的時候，我打工掙自己的零用錢，很幸運地去主持一個電視節目（多好的一份工作啊）。有一次，我隨一個社會團體到孤兒院捐款、探望孤兒。那個團體都是有錢人才參加的，我看到那些穿金戴銀的富婆一看到電視鏡頭來了，就立刻抱起孤兒，做出萬般憐惜的樣子。鏡頭走了，她們就面無表情地放下孩子。

當時，我回家就跟媽媽說：「這些富婆好偽善哦！」媽媽說：「她們這樣做好事，總比在麻將桌上混好多了吧。」我一聽，也同意。這是第一種層次的行善——完全出於自我感覺良好，對行善的對象並沒有太大的興趣，只是關注自己能從這樣的行為中得到什麼。不過，這樣總比不做善事來得好。

第二種層次的行善，我們是真誠地關心被給予的對象，被給予對象的狀況是否因為我們的善舉而獲得改善，對我們而言很重要。我們真心希望對方好，並且為自己的善行感到欣慰。有這樣善心的人其實很多，這些都是有福報的人。我從小就特別喜歡幫助朋友，看到其他人因為我的一些行為而變得比較好、比較快樂，我就會非常滿足。這是天性，不是後天習來的（所以也沒什麼好驕傲的）。

我認識一位身家數十億的富婆，她非常不快樂，充滿怨氣，身邊連個說貼心話的人都沒有。我看到她最大的問題就在於，連第一層行善的興趣都沒有。她每天都在計較自己的利益、自己的形象以及自己的一切，不關心周圍的人。她尤其看不得她的朋友比她好，更別說想辦法幫助他們了。我其實是為她感到惋惜，因為她這樣也是天生的，挺可憐。愈是不斷計較自己利害得失的人，其實失去的愈多。在她身上，我真的看到一個活生生的「窮得只剩錢」的例子。

第三種層次的行善是覺得某些有利他人的行為是應該的，順其自然要做的，但不在意是否有人會因此而受惠，或是受惠的人是誰，也不需要受惠者的感謝。比如說，我們看到路上有個障礙會讓後面來的人跌倒，我們會擔心，因此不怕麻煩地移除這個障礙，這就是一種高貴的行為。新聞裡捨己救人的「最美麗教師」「最美麗司機」，他們的行為都是在當下自發的，沒有用頭腦思考過自己的得失，就自然而然地做了。這些美麗的靈魂，特別值得我們崇敬。

我個人非常幸運，有很多能力和機會行善。現在當我做所謂的「好事」時，我會回頭檢視自己，做這件事是因為自我感覺良好，還是出於真心想要助人？如果是後者，我是否有「施恩圖報」的心態？如果對方一點都不感激，也不會回報，我是否還會做？就這樣不斷地檢視、調整，我的心態愈來愈平和。有一次我就注意到在機場，連續有兩個人來找我問路。我非常耐心地給他們指路，還領了他們一段。回來後，情人打趣說：「這麼有愛心啊?!」我笑著回答：「你看，這麼多人，他們偏找我問路，表示我散發的是非常正面、溫和的能量，讓別人願意來求助。所以，他們給我的其實比我給他們的多呢！」

親愛的，如果你覺得自己有很多痛苦、創傷、委屈，你可以試著把眼光從「我的得失」移轉到「他人的得失」。如果你因為幫助了別人，或是看到別人因為你而變得更好、更開心，你就會覺得非常欣慰的話，那你就是個非常有福報的人。

如果你繼續這樣的習慣，我保證你會愈來愈開心。也許我們暫時做不到第三個層次，但是第二個層次的行善就足以改變我們的視野，讓我們的生活更加美好。也許不是外在的報酬，也許相應的福報是我們今世都看不到的，可是我始終相信，善良的人過得終究比心不善的人更快樂。因為行善是發散正面能量的，這樣會吸引正面的人、事、物來到你的生命中。

快樂，其實很簡單。

07

穿越生命底層的暗流

發掘黑暗中的力量

修行是一場騙局嗎？

一位受我的書啟發而開始靈修的女孩，兩年來，收穫之餘卻陷入迷茫。她很羨慕我有機會常常出去走走，享受生活，而她卻要在靈修的同時，繼續工作來賺錢生活、培養兒子。

「修行是一場騙局嗎？」她真誠地問我。

我對她說，親愛的，修行不是一場騙局，人生才是一場騙局。所以，妳經歷到的所謂人生痛苦也都是這個騙局的一部分。修行的最終目的就是要帶妳看清這一點。

大部分人都認為，修整他們外在的環境和人、事、物就可以讓他們快樂。走上靈修道路的人卻知道，問題的根本在於我們的內在。但是修行最後也可能會成為大家逃避現實的工具，認為「我只要走上靈修的道路，所有的人生問題都會解決，總有一天我會開悟解脫，不再痛苦」。這樣的想法是把靈修當成了人生的避風港。

我最喜歡的作家杰德．麥肯納說：「地球是一個大遊樂場，我們每個人在裡面玩自己的遊樂設施。」我玩過讀書求學、追求成功和事業、戀愛、結婚、生子、追求靈性等，這些都是遊樂項目，靈修也不例外。我都玩遍了，到了絕望的時候，才發現人生原來是這樣有趣的一個虛幻的遊樂場，我沒有離場不玩，而是決定繼續玩下去。抱著「在這個世界中卻不屬它」（In the world, but not of it）的心情繼續搭我的雲霄飛車，坐海盜船、摩天輪、旋轉木馬，繼續享受它們的刺激和樂趣。

不要相信外在的權威，也不要依賴外在的人告訴你應該怎麼做。你需要找到自己內在的聲音，找到那個在演你人生角色的真正演員。比如說，靜坐、冥想可以幫助你接觸自己的內在，讓頭腦裡的聲音安靜下來，或是至少讓你能坐在那裡聽聽自己腦袋裡的聲音都在說些什麼。再比如說，一些情緒治療的課程可以讓你看到自己內在有很多需要療癒的地方，你願意負責任地去表達和療癒它，而不是用受害者的方式去發洩它。一些呼吸課、禪修課可以幫助你察覺自己，加強你回觀自己的力量。

但是最終，你還是要願意面對自己，願意不斷地回觀自己，並且能不帶批評地接納你觀察到的自己。這些是任何人都無法幫你辦到的，連佛陀再世都不可能。

所以，我現在很少讀靈性書籍，除非那本書是關於真正實相的，而不是強調光和愛那些新時代花言巧語的。後者對某些人可能很有幫助，能讓你自我感覺比較良好，產生一些安全感，但是千萬不要停留在那裡，你必須要前進。真正的靈修道路是艱苦的、寂寞的，剛開始也許風景很美，驚喜不斷，但是如果你貪戀這些，駐足不前，那你就還是困在虛幻的塵世中，永遠無法看到真相。

我現在也很少上靈修課，因為我的頭腦已經知道太多的道理了，我需要和自己的內在、和身體有更多的連結。

所以我會去學神聖舞蹈[21]、蘇菲旋轉舞蹈[22]，甚至想去「閉黑關」[23]。然而我們也無法否認其他靈修課對某些人有階段性的價值和幫助，我自己不就是這樣一路走來，受益於許多書籍、老師和課程？

所以，回答前面那位讀者的問題：我並不是不修行了，只是我厭倦了靈修神神道道、強調光明的那一套，還有那些不斷在豢養靈性小我的修行人和老師。既然我都知道「靈修」不過是遊樂場中的項目之一，我也玩夠了，就可以暫時放下那些外在的形式了。我是把靈修融入到我的生活之中，完全地融合，而不是在形式上做一些靈性修持、上靈修課、求教大師、看靈修書等。但是，達到這個階段，我是經過眾多苦難的磨煉，上過無數的課、讀過各類的書，而且對無數的大師感到失望，最後得到的狀態。當你玩夠了的時候，你自然會知道。但對現在的你來說，親愛的，那一天可能還沒到來。

至於我有條件玩，自由自在，你要工作、育兒，好像是外在因素決定了我們的狀態，其實不是的。我曾經在與現在同等的外在條件下感到非常痛苦，每天坐困愁城，封閉自己，糾結抑鬱。走過那一段人生低谷之後，我回頭看，當然覺得自己傻，但這是我必須要去經歷的過程，否則就沒有今天喜悅、自在的我，這跟外在條件是沒有關係的。如今的我，如果需要工作養家，養育孩子，我的喜悅程度不會減少，因為我的喜悅不是來自外在條件，而是來自鳳凰涅槃的重生。（順便補充一句，我現在的喜悅和自在是來自於和負面情緒相處的能力，以及接受自己不喜歡的人、事、物的能力，但這並不表示我沒有負面情緒和煩惱了！）

願每個人都有勇氣、有決心去面對自己人生的課題，帶著信心繼續探索自己的內在，找到屬於你自己的自在喜悅！

21. 兼含科學與美學的肢體動作，平衡理智、情感與身體的發展，為生活帶來專注且放鬆的狀態，讓生命呈現敏捷又優雅的品質。
22. 蘇菲旋轉舞蹈是一種神秘的修煉方法，源於古老的中亞，並受到西方修行者的追捧。
23. 人在二十八天或四十九天中居住在一間徹底沒有光線的閉關房內，進行七天一回合的心靈修持。它可以引發視覺和內心光明的出現，由於身體內外的界限，內心無意識中的邪惡和良善也會呈現出具體有相的形象。

修行並非為了不再受苦

最近我和一位久未謀面的朋友碰面，她和幾年前判若兩人，喜上眉梢，顯得更年輕了。

記得當時她的婚姻出了狀況，老公愛上了別人，給她帶來了很多難堪和難題，那時她天天到處找人哭訴自己的悲情。我們是在靈修課上認識的，我也不知道該怎麼幫她。因為我們課上學的東西（不要做受害者，要為自己負責……），她似乎一點都不能接受，也聽不進去。後來我自己也有麻煩，就沒和她聯絡了，一晃眼，好幾年過去了。

這次重逢，我驚見她的轉變。追問之下，原來她老公離開了整整三年，無聲無息。頭兩年的春節，她都是在淚水中度過，買了很多書看。後來，她逐漸在痛苦中找到力量，開始享受一個人的生活。第三年的春節，她是自己一個人高高興興地過的，還學會了獨處的快樂，過得非常開心，事業也蒸蒸日上。

就在這個時候，老公回來了，她不計前嫌地接納了他。他在外面幾年，痛定思痛，重新認識到自己，心胸逐漸變得開闊，也知道自己以前不對，所以回來以後對她非常好，像變了個人似的。

看到她的故事和轉變，我有兩個感想：

第一，我們常說別人好命，可是有沒有看到他們背後的辛苦和代價？朋友的老公當時對她極為惡劣，周圍的朋友都看不過去。可是當他回來的時候，她卻欣然接納，不記前仇，這種氣度有幾個女人可以做到？人家做到了，這就叫作「好命」。好命是自己掙來的，不是老天給的，所以我們不要淨羨慕別人啦。

第二，生活就是最好的修行道場。

這個朋友後來都沒上靈修課了，而且，她日常生活中也沒有做任何修行，但是她的成長和改變令人驚嘆。經由痛苦而成長是最快的成長，誰說修行一定要正經八百地上靈修課，修持一個法門，跟隨一個老師，擺出一副我在修行的樣子？生活就是最好的修行道場，不能好好面對、處理自己生活裡種種問題的人，無論再怎麼努力跟隨大師修行，再如何精進，如果你作為一個人的問題都沒有處理好，你就是在拿修行逃避自己真正應該面對的課題。在靈修圈中，這種人太多了。

所以，面對痛苦、經歷痛苦才是最好的修行，沒有一勞永逸的離苦方法。只有透過受苦，我們打受苦「預防針」，加強自己受苦的能力，下次痛苦再來的時候，我們才有能力承受，並願意和它共處，不再逃避。想要真正地經歷痛苦，和痛苦共處於當下，最好的方法就是不斷地覺察和回觀自己，這些方法散見在各種靈修法門和書籍中。很多人熱衷於學法門、拜大師、讀好書，可是拿這些來逃避痛苦，而不是真正地去「觀」和「修」。很多老師甚至也利用學生的這種心理，傳一些法門和好聽的正法來誘惑學生，滿足自己的私欲，卻讓學生沒有能力真正去「觀」，並培養與痛苦同在的能力。有些老師甚至還宣稱，大家學了他的法門以後就「不會再痛苦」了。這真是靈性販售的最佳廣告，只可惜都不是真的。

我個人的看法是，只要是人，就一定會有痛苦，痛苦是如影隨形、永遠去除不掉的。我們能做的，就是去培養受苦的能力。回到自己內心，不依賴外力，誠實地面對自己、覺察自己，才是最好的方法。

靈修就是要為自己負起全責

我從小在臺灣長大，臺灣人很喜歡求神拜佛，宗教信仰非常活躍。但是我一直很困惑，因為我看到這些虔誠的宗教人士，他們求神拜佛的動機不外乎是出於貪婪和恐懼。

因為害怕不好的事情發生，所以要求神佛保佑他們，或是他們所愛的人——這是出於恐懼；因為想要獲得一些世間所得：錢財、權力、伴侶、孩子，而去求神拜佛——這是出於貪婪。

而在靈修的過程中，這兩者也不免成為我們的動力。靈修人士比較高明一點，我們還加上了小我的所得——靈修之後，覺得自己高尚，高人一等。所以很多靈修中人學了些東西以後就迫不及待地好為人師，想出來做老師，教導別人。

還有，為什麼大家這麼崇拜大師、迷信高靈呢？這與貪婪、恐懼和小我不無相關之處：去印度拜個大師，回來我就能事業順利，還找到人生伴侶了；經由高靈的指點或上師的加持，我就能不勞而獲地得到智慧，從容面對人生的難題了；上了一堂靈修課，我釋放了一些東西，獲得了一些指引，所以我的人際關係就能變好了。這和我們現在社會流行的「快餐文化」也很有關係。我們都不想自己下苦功去修，只想快速求解，愈快愈好。

這其中，還有一個「懶」字在裡面。希望高靈、上師能快速教會我幸福快樂之道，所以我就不必去面對自己內在的陰影和生活中的難題，不必一步一腳印地去走這些艱難的旅程。

其實，在靈修道路的一開始，想要獲取這些「所得」是很正常，也是很正當的。那些販賣「運用心靈力量求取財富」「和諧的親子關係、親密關係」「毫不費力地獲得成功」等靈性課程，的確能幫助一些人獲得心靈上的安慰和收穫，它們的存在有其必要價值。

但是，真正的靈修究竟是什麼？就是靠心靈力量求得「世間所得」，或是在這個世界上玩得更轉，把所謂的噩夢變成美夢嗎？我覺得一段時間之後（至少對我而言是如此），靈修不應該僅止於此，應該是要真正地看到人世間就是一場幻夢，是虛幻的假象。真正看破這點而能夠活出來的人，就是真正的悟道者，但是這類人少之又少。

現階段的我，覺得靈修的更深一層就是要為自己的生命負起全責，不再靠外力。所謂的「外力」包括靈性老師、上師、宗教修持、醫生、情人、孩子等。

比如說：

- 我要在自己的內在找到力量，而不是靠靈性老師給我力量。
- 我要自己找到智慧來面對難題，而不是靠上師把我的難題拿走。
- 我要好好面對自己內在的陰影、痛苦，而不是靠念經、放生、持咒、禱告、讀經等來轉移我的注意力，讓自己好過一點。
- 我要好好照顧自己的身體，而不是靠醫生給藥吃來維護健康。
- 我要為自己的快樂、幸福負責，而不是要我的情人來負責。
- 我要為自己的未來創造希望，而不是要孩子為我活出未來的希望。

要想破解我們既有的思維模式，需要至少大半年時間。因為我們的思維模式行之有年，歷史悠久，是不可能經由一個灌頂、一次加持、一本書、一堂課就可以改變的。更重要的是，沒有任何人——即使是佛陀、基督再世——可以改變你。你必須要自己下定決心去改變，為自己的生命負起全責。所以，一定要學會不再依靠外在的權威，要靠自己去下功夫。

與靈連結的連續呼吸法

我曾經讀過一本書，很受啟發。書名叫《重拾靈魂悸動》（The power of your spirit-A guide to joyful living），作者是桑妮雅．喬凱特（Sonia Choquette），由生命潛能出版社出版。

靈修的人常常光說不練，或是只注重外表的形式，沒有想到靈修其實是一個內在轉化的過程，而不是外在形式上的作為。

內在的轉化，除了向內看，更加認識自己，了解自己的起心動念之外，也需要和自己內在最深的本質建立一種聯繫。（這部分我自己都做得不夠、不好！）我們自己最深的本質，在本書中作者稱它為靈。稱它為什麼並不重要，重要的是我們要體認自己不只是這一具身體，試著去和自己內在的直覺、神性、靈性連結，這才是最重要的。書中介紹了一種呼吸方法，在這裡和大家分享。

與靈連結的呼吸法中，我（作者桑妮雅）最常做的是連續呼吸法，每天早上都會做。連續呼吸法步驟如下：比平常早十五分鐘起床。醒來後坐在床上，背靠枕頭。可以將鬧鐘設定在十五分鐘後，這樣就不用擔心遲到，可以完全放鬆、專注。

閉上眼睛，用鼻子深呼吸幾次，慢慢地讓身體醒過來。接下來，吸氣的時候鬆開橫膈膜，把氣帶到下腹部，然後快速地放鬆肌肉，吐氣，像輕嘆口氣一樣（保持用鼻子呼吸，嘴巴緊閉）。不論吸氣或吐氣，都不要用力。吸的時候把氣吸到腹部，吐的時候迅速鬆開。

每一次呼吸之間不要停頓，把吸和吐連起來。剛開始可能會不習慣。如果你平常會下意識地屏住呼吸，可能需要適應一下。把呼吸連起來，就能接通來自神聖靈魂源源不絕的能量，也能改變振動。不用多久，你就會習慣連續呼吸，並且樂在其中。

這個練習法可以幫助你想像呼吸像鐘擺一樣流進流出：吸氣，氣擺盪進來；吐氣，氣又擺盪出去。呼吸在胸腔之間很自然、很平靜地流通，一口接著一口，沒有中斷，持續十五分鐘。

練習幾次後，你會進入半夢半醒的狀態。吸氣時，注入來自神聖高層的愛，讓每個細胞充滿活力與神聖的光輝，感覺身體無比開放，無比輕鬆。吐氣時慢慢地吐，不要用力。想像把身體裡累積已久的毒素全部排出去。任何憂慮、壓力、煩惱、負面思考、負向經驗，以及對未來的種種恐懼，也都一併釋放。每一次吐氣，都會淨化不再符合生命目的的振動；每一次吸氣，則會挹注眞實自我的能量。

流動的呼吸具有由內而外的淨化作用，並在周圍創造出富含生命力的能量場。感受一下呼吸如何改變振動。你愈專注於深層呼吸，身體、頭腦、情緒愈清明。這會讓你放鬆、平靜、安住於當下。

繼續練習連續呼吸，直到鬧鈴響起，或者直到感覺自己準備好迎接一天爲止。接著，把雙手輕輕地放在閉起的雙眼上，專注於體內的那一股平靜。不要心急，也不要改變呼吸，慢慢睜開眼睛，做最後一次深呼吸，然後拿開雙手。伸展一下，再起身，同時恢復平常的呼吸。

開始一天的生活時，感受來自造物者的滿滿支持，給予你無上的愛與本源的喜悅能量。你不再需要尋求他人認同或外在支持，所以不必害怕，也無須不安。外在世界不是你的能量來源。他們共享宇宙的神聖能量，但無法支持你。呼吸就是你的能量泉源！覺得很難受或開始自我質疑時，專注在呼吸上，就能恢復平靜、神聖的存在狀態。

「人並非仰賴出入息來維持生命。真正的生命泉源，是促使氣息流動的力量。」[24]

24. 摘自印度最經典的古老著作《奧義書》（Upanisad）。

無計可施了？祈禱吧

我有一個認識十多年的好友，我剛來北京時，她剛從海外留學回來創業。這些年來，我看著她一路辛苦經營，公司成長到現在的規模——準備上市。

她的能幹沒話說，她想要的東西、想要拉攏的人，沒有做不到的。可是，她卻對自己的女兒束手無策。她的女兒長得非常漂亮，不是一般地聰明，但就是注意力不集中，而且患有過動症。懷胎四個多月的時候，她還曾經打算把孩子拿掉（其實這對孩子有莫大的影響——重大的驚嚇和恐懼——所以胎教是一定要注意的），因為她不相信婚姻，不想結婚。後來鬼使神差，她把孩子留下了（七個月就早產，這對孩子也會有很大影響——絕對缺乏安全感和歸屬感）。做母親之後，她很開心，婚姻也很幸福，公司業務蒸蒸日上，雖然忙，但成就感很大。

但就是這個孩子帶給她很多煩惱——學習不好，行為不端，特別難管教。在商場上叱吒風雲的女強人，在人際關係中揮灑自如的外交家，就為了女兒而坐困愁城。

我給她的建議是：人的末路，就是神的開端。這不是說她非得去信個宗教或是去求神拜佛，而是我覺得這是她可以展現謙卑的時候。

一直以來無往不利，加上自己極其能幹，什麼事在她手裡都很有辦法，但是總有不靈的時候。我真的相信，只要她願意彎下腰來，謙卑地祈求更高力量來協助她，那麼就會有奇蹟出現。也許是孩子變好了，也許是突然出現一位很棒的專家可以供她諮詢、幫她照顧這個孩子，或是一位充滿愛心的老師、一家願意收容她女兒的學校。真的，奇蹟無所不在！就看你願不願意開口祈求，承認自己的無能為力，願意把事情交託給一個不知名的更高力量。

我常常說，人的謙卑和高傲放錯了邊。

我們對於那個主宰宇宙、讓各個星球如此和諧地轉動、讓我們順利來到這個世界的那股最高力量（老子稱之為「道」）常常掉以輕心。我們不認識它，更別說是推崇、運用它，與它合作來共同創造我們的人生了。對於眼睛看不見的東西，我們是如此地忽略，高傲地以為我們五官接觸到的東西才是唯一真實存在的。還以為只要我們夠努力，有手段，就可以控制自己的命運和際遇，得到我想要的。

真的嗎？讓我們靜下心來好好捫心自問，在這個世界上，我們可以完全掌控的事物有什麼？如果老天不樂意，我明天是否能順利下床都是個未知數。祂隨便動一根手指頭，就可以輕易毀滅一座城市。但是我們對這股力量掉以輕心，向來都無視它的存在，更別說與它同頻共振，來創造我們的人生了。

在另外一方面，我們卻對日常生活中出現的人、事、物表現得非常謙卑，或是說無力吧。很多人會說：「我的老公就是這樣，怎麼辦？他讓我很痛苦，怎麼辦？我的財務狀況就是這樣，怎麼辦？我運氣很糟，怎麼辦？」然後我們會指責這些人、事、物，都是他們不好，都是他們的錯，所以我會這麼痛苦，而且會變成這個樣子，完全無能為力。

我們認為，這些外面的人、事、物，或是自己內在的痛苦要比我們大很多，所以我們是毫無反抗能力的。雖然一直試圖改變它們，但是它們依然如故，讓我們覺得更加地沮喪、無力、挫折、抑鬱。有的人更是寧可自己扛著所有的痛苦也不開口求救，頑固得無以復加。或是有些人開口求救了，卻還是緊抓著痛苦不放，因為他們覺得痛苦比他們更強大、更有力，需要外在的幫助才能挪走。問題是，痛苦是在我們之內的，誰能幫助我們拿走它？

其實，真正能挪走痛苦的只有我們自己。也許我們會說：「我沒有力量啊！」很多靈性書籍、大師、教誨、法門，都是在幫助我們找到自己內在的力量，去面對我們的痛苦。因為，痛苦都是源於我們錯誤的想法和觀念，只是我們放不下。如果真的嘗試了很多方法卻都徒勞無功的話，何不試著去祈求那股無形的、無所不能的最高力量來幫助我們，給我們力量呢？所有的力量、智慧、解決問題的方法，其實都在我們自己之內。祈求最高力量就是希望它能夠幫助我們接觸到自己內在的力量，找回真正的自己。

有人也許會問：「那個力量是什麼？我跟誰求？」

會問這個問題的人，就是還不夠苦，還不夠Desperate（絕望）。因為要是真的很苦，而且願意謙卑地接受幫助的話（這兩個前提很重要），那麼我們就自然而然地會呼求任何可以幫助我們的力量，根本不需要腦子告訴我們，它是女的還是男的，穿什麼衣服，有沒有人形，是什麼模樣，等等。人類的本能在最絕望的時候，會自然而然地出現。

如果還不夠絕望，那是因為我們覺得自己還可以扛得住，還可以靠自己的力量解決，或是我們還是不想放下對那個人或那件事的批判、責怪，我們覺得這樣比較舒服，因為不想承擔自己要擔負的責任。人有時真的是不可思議的矛盾和愚癡，像一臺沉睡的機器，只會按照原有的模式運作，即使那個模式是傷人害己的，也不願意改變。

另外一種人稍好，至少願意去求助，他們到處投訴、埋怨，找不同的管道來幫助自己（像靈性導師、心理諮詢師等），但是他們的內在還是沒有真正地對那股力量臣服、謙卑。

我設計的心想事成的發願詞[25]，其實就是一種祈禱。如果我們真心誠意地念這樣的禱告詞，把它發射出去，天地之間一定有人會負責響應這個呼求的。試試看吧。

最重要的是，這樣試的話，有什麼損失呢？

25. 關於「心想事成的發願詞」，請參考《遇見心想事成的自己》，方智出版。

勇敢做自己

有一次和十六歲的女兒聊天，她告訴我，她都跟同學說長大以後要像媽媽一樣。我問：「什麼樣？」她說：「獨立、堅強，總是知道自己要什麼。」我很開心自己以身作則給女兒做了好榜樣，可是我捫心自問：「這是天生的個性，還是後天學習來的？」答案是：「兩者皆有。」

是的，我好像始終知道自己要什麼，雖然有時候我想要的未必是對我最好的（至少在別人眼中看起來很傻），不過話又說回來，所有的發生都是為了成就後面的我，有什麼對和錯之分呢？

當你知道自己想要什麼，又能夠勇敢地去追尋時，你就能活出真正的自己。有一次，媒體採訪時問我：「如果有人問妳『張德芬是個什麼樣的人』，妳會如何向別人描述自己？」我的答案是：「一個勇敢活出自己的人！」

我回顧自己五十年來的生涯，覺得恐懼是阻擋我們活出自己的最主要因素。有一段話說得很好：

當炮彈朝你飛來的時候，如果你轉身就跑，你會被炸到；如果飛速地朝著炮彈的來處奔去，你會發現炮彈從你的頭頂掠過，遠遠地落在了後方。

這也是我使用的方法。每次碰到讓我因恐懼而裹足不前或是能量受阻的情況時，我就想：「最壞的情況是什麼？」用理性的頭腦去分析最壞的情況，然後問自己：「這又怎麼樣？你能接受嗎？」於是我勇敢地接受最壞的狀況，然後帶著勇氣繼續前進，不縮手縮腳地擔心後面會發生的事。這跟吸引力法則並不相悖，因為我不是用恐懼在吸引這些東西，我是看清楚它們，不在意它們，甚至願意接納它們，反而形成了一層保護膜，讓我不會受到「最壞情況」的侵犯。

所以，我一次又一次地在人生中放下、捨離一些別人眼中寶貴的東西，做一些別人沒有勇氣做的事，我的人生因而精彩萬分。曾經有一位我分別多年後才見面的高中同學，聽了我的經歷之後，搖頭嘆息說：「別人三輩子的生活讓妳一輩子就過完了。」其實這沒有什麼了不起，只是我敢而已，我敢去追隨我的心，勇敢地活出真正的自己。

還有一個勇敢活出自己的要素就是：「永遠不要對自己說謊。」你可以對別人撒一些小謊，但原則是──說謊的目的不是為了自己的利益，而是為了別人好。比方說，老人家常常會擔心這、擔心那的，你能不說的就不說，免得讓他們操多餘的心。有一次在國外上課，一個學員住在我隔壁。白天我禮貌地問她：「我因為時差半夜起來，有沒有吵到妳？」她說「沒有」。然後她問我：「妳有沒有聽到我這裡有什麼聲音呢？」其實我半夜被她的鼾聲吵醒（她比較胖），可是話到嘴邊，我學乖了，換了一種方式說：「知道有人在附近是很好的一件事。」既不說謊，也不傷人。我真希望我年輕的時候就有這種智慧。

但是你永遠不要欺騙自己。如果一直活在自己編織的謊言中，你永遠看不見自己的真相，就更不可能活出真實的自己了。舉一個自欺欺人的例子：有一個朋友，她和老公結婚多年沒有孩子，兩人日漸疏遠，她老公還是很愛她，但是她卻對老公愈來愈沒有感覺了，更不喜歡和老公做愛。後來她有了外遇，因此面臨抉擇。她說，她不願意告訴老公，因為怕他承受不住，覺得他會很可憐。可是我在旁邊聽得一清二楚，真相是：她老公會賺錢，能給她優裕的生活，而她外遇的男人根本就是個藝術家，還要靠她養，這是現實的考量。另外一個考量就是，她其實不想面對自己內心的愧疚，無顏跟自己的老公啟齒：「你對我這麼好，可是我不愛你，我有外遇了。」這才是重點。可是她拿「怕老公傷心」為理由，一直腳踏兩條船。欺騙別人沒關係，最嚴重的是她欺騙了自己，永遠活不出真實的自己。

最後一個能夠做真實自己的要素就是：勇於打破自己從小被父母（後來是自己）建構的牢籠。我們每個人心中都有一個理想的自己——男人要成功、要有錢、要高大、要英俊、要強壯等。而女人則要有好的婚姻，做個好妻子、好媽媽、好媳婦、好女兒等。或是我們的牢籠是對父母唯命是從，即使已經成年了，終身大事還要看父母的臉色。或是年輕的時候為了生計，從事一項自己不喜歡的枯燥無味的工作，後來因循成習，早就忘了自己少年時的喜好和夢想，不再去想如何實現。

我們每個人一定都有這樣阻礙我們去發展自己真正的天賦或最嚮往的生活狀態的牢籠，而且還不止一個。你的牢籠是什麼？如果你只有一個月的壽命，你會做什麼？為什麼現在不做？有一部電影叫作《一路玩到掛》（The Bucket List），是說兩個在醫院臨終病床上的病人感慨自己有很多想做卻沒做的事情，於是兩人說好，利用自己僅有的壽命去完成自己的遺願清單。

我也在想，我的遺願清單是什麼？不太多，呵呵。因為我是如此追隨自己的心，勇敢地活出了自己。不過後來找到一項：當演員。我從小一直很想演戲，覺得自己是個天生的演員，可惜一直沒有機會。所以我決定將來要寫一個電影劇本，然後自己在裡面扮演一個角色，實現自己的這個夢想。

親愛的朋友，你有多少夢想沒有實現？哪些是你在現實狀況下其實可以去做，但是因為心理因素（內在牢籠）而無法如願的？希望你看了本書之後，能夠更了解到「敢做自己」是多麼重要。就在我決定勇敢地做自己之後，我的各種關係反而變得更好了，並沒有因為我的中年叛逆弄得眾叛親離。當你帶著無比的決心，勇敢地去嘗試、去踏出那一步的時候，全宇宙都會來幫助你。到了最後，甚至當初不諒解你的人都會過來支持你，因為如果他們真的愛你，就會看到你活出自己之後那份光彩奪目的快樂自在，會不由得對你表示讚賞！

祝福你有這樣的勇氣。

祝福你能夠實現自己的夢想。

祝福你能夠勇敢做自己。

知行合一的實踐之道

很多讀者讀了我的書之後，都說他們讀懂了，知道了，但是就是做不到。如何從知到行呢？

知易行難，知道了不一定能夠做到，世界上最遠的路程就是由頭腦到你的心。

看了本書之後，我給讀者的建議如下：

一、挑出一個最困擾你的人生程式（你的機械性、慣性），然後下定決心去面對它。（意願、意圖非常重要！）

二、每次在你又重複這樣的模式之後（或是當時），一定要在心裡「拍照存證」，記錄一下：我又犯老毛病了。（但對自己不要有任何批判、責怪！）

三、看看這個模式後面的發生原因是什麼？深入去探究它，勇敢去面對它、承認它，負起全責。如果是一個情緒，就深入體會這個情緒，不去逃避它。如果是一個觀念和想法，就用轉念的方式放下它（不斷質問自己：你的想法是真的嗎？是正確的嗎？）

這個步驟是最重要的，你需要有足夠的誠實、勇氣、智慧和創意。這要靠平時多閱讀，累積正確的知見；下定決心要面對自己的機械性模式；願意老老實實地和自己的負面情緒相處；願意去承認、去看。

實際的做法是：

1. 去指認並感受因為那個模式發作而讓你感到不舒服的情緒，可能是：痛苦、憤怒、悲傷、嫉妒、恐懼、不安、自責、愧疚……看見自己想法的謬誤，這些都是靈性成長的關鍵所在。

2. 停留在那個情緒裡面，回到自己的心中（最好閉上眼睛），感受身體哪一個部分不舒服。

3. 把呼吸帶到那個部位上，試著去放鬆它，深呼吸。

4. 告訴自己：我看到我有「ＸＸＸ」的感受，我願意接納它，並且放下對它的需要。

5. 如果腦海裡面不斷浮現一些想法，把它們寫下來，可以用拜倫・凱蒂的一念之轉，一個一個去檢視它們的真實性和正確性。

舉例一：上次去機場，航空公司告訴我飛機超額銷售，我沒有位子上不了飛機。我很生氣，雖然他們答應賠償，而且改到下午的商務艙（免費升等），但我還是不開心。我好奇地探究自己不開心的理由，我看到原來我討厭改變既定的計畫。

我不喜歡突如其來的驚奇。我不喜歡失去控制。啊！找到了！我就告訴我自己：為什麼不能接受驚喜呢？因為外面的事物永遠是我們無法掌控的，我如果這樣需要控制，不能接受變化，那這類事件就會不斷發生來考驗我，直到我學會這個功課為止。所以，我相信，下次再有類似這樣的「驚喜」出現，我的反應一定會有所不同。我就改變了自己的一個機械性的不良反應了。

舉例二：本書中〈如何獲得內心強大的力量〉這一篇提到我情人出差時，打電話告訴我他陪客戶喝酒喝醉了。我當時很生氣，就說我現在不想說話了。掛了電話之後，我也是很好奇地去探究我生氣的理由：因為我擔心、恐懼。我害怕他身體不好，將來影響我們生活的品質。轉念一想，這是真的嗎？我又不是上帝，我怎麼能夠決定他的壽命有多長？我們的生活品質是我能夠控制、決定的嗎？有位靈性大師就說過：「以為自己有控制一切的能力和權力，是人世間最大的幻相。」而且我此刻想要的是什麼？我想和情人和睦相處，共同享受人生。然而如果我為了他喝醉酒而發脾氣，不是和我真正想要的東西背道而馳嗎？這樣一轉念，我的怒氣就消散了。

四、在生活中不斷地觀察、實驗、反省，你會發現，自己從原來的不知不覺（完全沒有意識到這個人生模式、機械性），逐漸變成了後知後覺（看到了重複的不當行為，同時也意識到它帶來的不良後果），然後就會當知當覺（在自己說話或做事的時候，覺察到這個老毛病又犯了，當時可能停不下來，沒關係，就照做。事後也是在心裡「拍照存證」，但是對自己不要批判、責難！）。最後有一天，你會發現，在念頭升起，話到嘴邊的時候，你就能停下來，回到自己內心。這樣就成功一次了（先知先覺！）成功一次並不表示永久成功，也許下次又會進入後知後覺甚至不知不覺的狀態，但是親愛的，給自己一點耐心，慢慢的，你就會看見自己的改變，更重要的是，你周圍的人一定比你還先感受到你的轉變。

不知不覺↓後知後覺↓當知當覺↓先知先覺

試試看吧，親愛的。光說不練是永遠無法知行合一的。

國家圖書館出版品預行編目資料

愛到極致是放手【全新版】/ 張德芬著.
--初版.--臺北市：皇冠文化. 2017.09
面；公分（皇冠叢書；第4641種）（張德芬作品集；02）

ISBN 978-957-33-3327-2（平裝）

1.修身 2.生活指導

192.1 106014152

皇冠叢書第4641種
張德芬作品集02
愛到極致是放手【全新版】

作　　者—張德芬
封面·內頁畫作—吳妍儀
發 行 人—平雲
出版發行—皇冠文化出版有限公司
台北市敦化北路120巷50號
電話◎02-27168888
郵撥帳號◎15261516號
皇冠出版社(香港)有限公司
香港銅鑼灣道180號百樂商業中心
19字樓1903室
電話◎2529-1778　傳真◎2527-0904
責任主編—許婷婷
責任編輯—張懿祥
美術設計—嚴昱琳
著作完成日期—2017年7月
初版一刷日期—2017年9月
初版三刷日期—2021年10月
法律顧問—王惠光律師

讀者服務傳真專線◎02-27150507
電腦編號◎565002
ISBN◎978-957-33-3327-2
Printed in Taiwan
本書定價◎新台幣350元/港幣117元